毕淑敏散文集

爱的回音壁

毕淑敏 著

北京出版集团
北京十月文艺出版社

目录

爱的回音壁（代序）

“回”这个字，漂亮！像一幅稚拙的简笔画。和它形状媲美的大概有个“口”字，不过失之简陋了些，不像“回”，有令人畅想的结构。

甲骨文里，“回”象征着渊水回旋之形。本义是旋转。按说这是权威说法，我却心存疑惑。总觉得它是表示声音荡漾的回声之意。看到过渊水回旋的人，一定比听到过回声绕耳的人，要少吧？不管何种解释，对这个字，我的粗浅理解——“有去有来”。

“爱”是长久深切的喜欢，是人精神领域的高峰体验。爱是发自于内心的情感盛宴，是人对人或某个事物的一往情深。总之，“爱”美好绵长。

谁不想拥有爱呢？我猜，有这期盼的概率是百分之百。

但怎么才能获得爱拥有爱呢？或许，很多人，终其一生都不得要领。肯定有人抚胸长叹，天下之大，为什么就没有人来爱我？

是啊。除了幼小时失却父母之爱，是我们无法选择之痛，其它很多类型的爱，例如师长之爱、同侪之爱、事业之爱、友情之爱……都是可以缔造争取长久持有的。

诀窍何在？

让我们回到“回”字的结构。

你好比是“回”字中间的那个小框，你是爱的中心发射点。你向四周辐射出“爱”，光芒万丈。“爱”由迸射出，激荡到外面那个世界，会被反弹回来，你就因此获得爱了。

如果你发射的是寒冷，就会收获冰冻。如果你发射的是恶意，就会收获诅咒。如果你发射的是悲观失望，反射回便是缠绕一生的凄凉……

这就是我在这本“爱的回音壁”中，想和大家分享的一点心得。你可以选择信或是不信。我马上进入古稀之年，笃信哦。

毕淑敏

抱着你，我走过安西

那一年我到甘肃敦煌。从兰州坐汽车，在戈壁滩上跋涉千里。一日午后，经过安西。白茫茫的沙海反射着耀眼的阳光，远处矗立着从地面直通云端的黑色风柱，旋转着向我们逶迤而来——那是沙暴……

我突然感到一种莫名其妙的亲切。眼前这干燥的黄土，盘旋的热风，死一般的寂静，还有渐渐旋近的危险……

我可能在梦中到过这个地方。我对自己这样说。

半个月后，我回到家，同父母说起安西的遥远。我夸张地描述那里的荒凉，说，你们无法想象那里的神秘。

妈妈很注意地听我聊天。自从我长大，到了许多她不曾到过的地方以后，在我描述远方的时候，她总是像个小学生一样专心地看着我，那神气不单是从我这里得到新的见闻，而是在用整个姿势说：看！我的女儿去了我没有去过的地方！

猜测到了母亲这种心情以后，我常常投其所好。我得意地说，妈妈，您到过安西吗？

没想到妈妈非常肯定地回答，三十多年前，抱着你，我走过安西。

我回过头去看爸爸。我不是不相信妈妈，我是需要再一次地证明。

爸爸说，是的，那时你才五个月。

我的父母不喜欢忆旧，总是对将来发生的事充满了希望，觉得最后的才是最好的。

谈话无端地中断了。我们总以为还有无数的时间储存着，可以从容地回忆以前。但是突然，我的父亲患了重病。在那种气氛下，是不能忆旧的。我们相信父亲会好起来，我们觉得做那种回忆的事情，会在冥冥中对父亲的康复有背道而驰的力量。

我们格外地避讳谈过去的事情，我们以为这样就可以对抗那种叫作命运的东西。

我们错了。父亲离我们远去。痛定思痛之后，我才发现，有关父亲的往事，我们知道得是那么少。懂得自己的父母是一个需要时间的过程，我们不可太年轻，那样我们只能记得他们的慈爱，无法深刻地洞悉他们的内心。我们也不可太年长，那时岁月的烽烟已将我们熏染，无数次默念中将父母重新塑造，已不再具有原始的亲切。

作为女儿，我不知父亲生命中的许多空白。在父亲去世以后，我才知道这是永远无法弥补的黑洞了。

我不想要家谱那样的东西，那是公共的枯燥的记录。我想看到我的祖先对他们生活血肉温暖的倾诉。

我已寻觅不到我的父亲了，于是我用双份的爱恋和探索的目光，注视着我的母亲。

母亲是一个穷人家的女儿，年轻时十分美丽。我小的时候，尽管她对我发着脾气，面色很难看，但在我看来，她依旧是美丽的。这甚至影响了我一生中对女子的审美观，我一直以为像我的母亲那样，白皙端庄不高不矮不胖不瘦的女人，才是世上最完美的女性。

我的父母是山东文登人，很小就定了亲。爷爷家的村庄很小，只有一所初级小学。父亲读高年级的时候，要到母亲所在的村子里读书。每逢放学的时候，和母亲一起玩的小伙伴就嚷：快看小英子的女婿啊，他下学了。

母亲小名叫英子。她远远地看着父亲——一个眉毛黑黑的高大男孩。

父亲在威海读了中学后，参军到了山东抗日军政大学。以后到了一野，解放战争中转战南北，跟随王震将军，一直打到了新疆的伊宁。

这座中国西北长满白杨的城市，距我父母的家乡，大概有一万里路。

1951年，我的父亲来了一封信，要我的母亲赶快到新疆与他团聚。那一年，母亲刚满二十岁。

父亲后来说，当时王震将军已经开始在内地广招女兵，他作为一个年轻的军官，时常被人问及婚姻。他记着母亲，所以邀母亲前去。但那时的新疆，遥远得如同今日的北极，都是罪犯流放之地。他征询母亲的意见，由母亲做出她对自己命运的选择。

母亲是可以不去的。

但是母亲深深记挂着那个有浓黑眉毛的男子。她把家里的门帘摘下来，洗净叠好，放在炕上，好像是去串亲戚，不久就会回来。把自己的换洗衣服装进一个小包袱，带着烧饼和姥爷卖了粮食凑的几块钱，踏上了未知的道路。

母亲先到了烟台，然后坐船到青岛。她从没出过远门，又晕船，坐的是轮船在水面以下的那个统舱，吐得日月无光。

但是青岛的风景使她把旅途的艰辛淡忘，凭着父亲开出的介绍信，母亲和几位到新疆寻夫的女人会合在一处。有一个女人的老父亲是个地主，农村的形势使他感到某种危险，所以和女儿一起远走新疆。他有文化而且有头脑，母亲就把介绍信交给他，由他一路安排食宿。

母亲离开家乡的日子是1951年农历的二月初二，龙抬头的日子。其后的旅行在母亲的记忆里就变得模糊而迷茫。地上一辆又一辆的汽车和火车，到达西安以后，又开始坐马车。他们这一伙老人和妇女每天住在负责接待的兵站里，像真正的军人一样大碗盛菜，馒头管够。

母亲刚开始想，当兵在外原是这样的舒服啊！但随着行程越来越向西，景色越来越荒凉，母亲才感到父亲一个人在外，真是够可怜的。

沿途晓行夜宿，母亲已和同行的人十分熟悉。突然有一天，那老人说，现在已经到了新疆的界面，她们几个的亲人在南疆，而我的父亲在北疆。以天山为界，前面就是分手的地方。母亲将独自完成剩余的几千里路程。

那一瞬，母亲感到了极大的恐慌，甚至比从家乡出走时还要恐慌。那时她不知道旅途的艰难，幸好找到了同伴。现在她知道以后的路程更加莫测，征途迢迢，却要独自跋涉。

但这是无法接受的事情。老人对母亲说，你的男人做的官比她们的都大，你会有好日子过的。路上的事你不是都见识过了吗？没有我，你也一样能对付得了。

他们坐着新疆特有的勒勒车，向南方的沙漠中走去。妈妈默默地注视着他们，充满惆怅。在以后的岁月里，再也没有得到他们的音信。

1951年的5月，历尽风霜的母亲到达了新疆的乌鲁木齐。她被告知父亲在伊宁率领部队执行任务，一时没有汽车到那里去，只有等。

母亲就在乌鲁木齐等了整整一个月。那是一段十分痛苦的等待，母亲什么人都不认识，一个人到街上去转，语言又不通。母亲想，一定不能死在这里，不然变成鬼魂，也找不到人说话。后来总算有了一辆老掉牙的车，要到伊宁去，母亲迫不及待地爬上车，一路颠簸，终于在离开家乡五个月以后，到达伊宁。

母亲坐在父亲的团部里，有人去喊父亲……

我以为这种阔别多年的会面一定非常激动，没想到母亲淡淡地说，她看到父亲时只有一个感觉就是——他长大了。

我也问过父亲同样的问题，您见到母亲的第一印象是什么？父亲说，当然是高兴啊，你妈妈胆子够大的。要是别的人，不会跑这么远来找我。咱们老家那地方的人，是很恋家的。

母亲在父亲的团里住了下来。那时候，部队很艰苦。领导干部的家眷平日也都住在集体宿舍里。只有到了星期天，才让夫妇团聚。办法是在大礼堂里用白布单分割出许多单间，女人们先把自己的被褥铺好，熄了灯以后，男人们才无声地钻进自己的家。母亲说，黑灯瞎火的，有的男人曾经摸错过门。

我就是孕育于这样的环境。

由于水土不服，母亲的身体变得很坏。她在卫生队当了一段时间护士以后，就再也支撑不了了，天天躺在床上。有一次她下床的时候，晕倒在地，头撞在脸盆架上，血把肥皂盒都灌满了。

母亲说，从我一出现，就同她作对，害得她一点东西也吃不了，最后变得骨瘦如柴。她甚至想自己可能要死在这个叫作伊宁的地方了，这是她第一次后悔到新疆来寻找我的父亲。

正是母亲最困难的时候，上级命令父亲带着他的队伍出征。母亲看着父亲，什么话也没有说。因为她知道，说什么话也不能改变父亲执行命令的决心。她只是仔细地盯着父亲，要把他的形象深深地刻在自己的脑子里。她想，等他回来的时候，自己可能已经不在这个世界上了。

父亲也是什么也没说，他只是留下了一个警卫员照顾我的母亲。

这是一个老兵，足有四十多岁了。当母亲第一次对我描述他的时候，我说，妈，您肯定记错了。哪有那么老的兵？这个年纪可以当将军了。妈妈说他真的只是一个兵，是从国民党队伍里解放过来的，个子矮矮的，脸圆圆的，一笑一眯眼，很和善的样子。

父亲在众多的战士里挑选了这个老兵，是他一生最英明的决定之一。如果不是这个有经验的男人细心照料，我母亲和我的生命将遭遇巨大的风险。

妈妈一天什么也不吃，不是她娇气，而是她的胃成心和她作对。无论她吃进什么，胃都毫无例外地翻滚，把东西吐出来。

妈妈被边塞的风吹得欲哭无泪，在1952年伊犁河畔的一座土屋里。父亲在远方率领着他的部队征战，绝不能回来照料自己的妻子。

母亲无怨无悔地躺在床上。她甚至都停止思维了，只是在等待。等待她必然的命运。

这时候她闻到了一种奇异的香味，她觉得自己从小到大没有闻到过这么诱人的味道。

小胖子，你吃什么呢？母亲问。

她其实只是一个二十岁的少妇，那个老兵的年纪快有她的父亲大了。但是部队里都这样称呼那个老兵。大家都习惯了，她只能服从风俗。

小胖子走进来，黑色大土碗里，装着嶙峋精致的骨头和肉。

这是什么？妈妈问。

这是野鸽子的肉。

哪里来的？

我逮的。

让我尝尝好吗？

好。

小胖子把碗递给我妈妈，妈妈把野鸽子肉一口气吃完了。然后他们就安安静静地等待着。以往也有这种情形，妈妈把东西吃进去，但是很快就吐了出来。不是妈妈要吐，是她身体里一种莫名其妙的力量要这样捣乱。

决定吐不吐东西的是你。妈妈对我说。

我无言以对。那时的事情我真是不记得。

等待的结果不是吐，是妈妈又饿了——她还想吃野鸽子的肉。

小胖子高兴极了。他正为如何完成自己的任务大发其愁。要是我的母亲死了，他会像失守了一座阵地一样自责的。但他不知怎样劝一个吃不下东西的孕妇，他想出的唯一办法是——把周围能找得到的一切生物拿来烧了吃，他是一个四川人，还是很会吃的。

他吃了一样又一样，我的母亲总是无动于衷。但小胖子不气馁，继续试验下去。当他试到把野外捕来的野鸽子烧了吃的时候，我的母亲终于焕发了食欲。

在怀你的十个月当中，我只吃了不到十斤米。母亲说。

我说，妈妈您一定是记错了。一个孕妇，只吃这么少的粮食，自己和婴儿都要陷入重度的营养不良。

母亲说，怎么会记错呢？大米是你父亲留下的，当时要算是特殊待遇了，由小胖子保管。我每次都劝他一道喝稀饭，因为四川人是爱吃大米的。他总是说，只有十斤，还是省着吃吧。这样一直到了生你的时候，米还没有吃完。

我说，我生下来的时候一定满面菜色。

妈妈说，孩子你错了。生你的时候是在一家苏联医院，你红光满面，健康无比。

我说，妈妈，这是怎么一回事？

妈妈说，那都是野鸽子肉的功劳啊。

从那天以后，小胖子总是黎明即起。在伊犁河谷地上有一座废旧的仓库，小胖子把仓库所有的窗户都打开，在地上撒满苞谷粒。然后他就埋伏在远处，目光炯炯地注视着飞翔的野鸽子群。野鸽子们先是在天空盘旋，待嗅到了新鲜苞谷的香气，一个个钻进幽暗的谷仓。它们在窗台上踌躇着，判断有无危险。

小胖子在远处镇静地等待着，不慌不忙。

野鸽子就大着胆子飞进谷仓，降落在地面上，仔细地捡食金色的谷粒。它们发出咕咕的友善的叫声，把大量的同伴吸引过来。

小胖子有足够的耐心，他要到傍晚时分才开始动作。拎着一把大扫帚，蹑手蹑脚地进了谷仓。野鸽子腾飞带起的烟尘眯了他的双眼，但剩下的活他熟门熟路，就是闭着眼睛也是干得了的。他急速地奔到窗户跟前，把破旧的窗户死死关住。

谷仓立时昏暗起来，小胖子挥动大扫帚，上下飞舞，像哪吒的风火轮。野鸽子惊恐地飞翔着，但门窗已被堵死，扫帚像乌云般地扑下来，野鸽子无力地降落在地上……

小胖子把野鸽子捉住，把它们炖在从苏联买回的铝锅里，和我的母亲吃得津津有味。

我问母亲，您一共吃过多少只野鸽子？这可是杀生。

妈妈说，那不是我要吃，是你要吃。要不然，为什么吃什么都吐，唯有吃野鸽子就不吐了呢？整个怀你的期间，我吃了三千多只野鸽子吧。

我吓了一大跳说，您准是记错了。

妈妈很严肃地说，我每天最少要吃十几只野鸽子，两百多天算下来，你说是多少只吧？

于是我暗暗地向造就我生命的这三千多只野鸽子道歉和祈祷。它们用血肉之躯构成了我的大脑、骨骼、牙齿和黑发，它们把飞翔的灵魂赋予了我，它们把从伊犁河谷的紫苜蓿、红柳花、蒲公英、草籽中吸取的大地精华馈赠于我。我若是一生的努力还抵不过一只小鸟飞越蓝天时的勇敢，真是暴殄天物。

妈妈渐渐地康复，终于到了1952年10月。中秋节过后，住进了苏联人开的医院。阵痛席卷了她三天三夜，父亲还在远方操练他的部队。

有人把妈妈难产的消息飞报父亲，他到医院里来了一趟。苏联医生的制度很严，他只能隔着窗户看一眼妈妈。父亲当时满脸悲怆，注视着这个跨越了万水千山来找他的老乡……但是他不能停留，立即又骑马赶回了几百公里之外的部队。

妈妈记住了父亲那张悲戚紧张的脸，她很感动。她的一生紧紧同这个人相连，在一个女人最危急的时刻，他不能帮助她，但给了她深深的关切，这就足够了。

我是在正午12时出生的。母亲说，她几乎在我出生的同一分钟就睡着了。几天几夜没合眼，疲倦至极。护士捅醒她，让她看一眼初生的婴儿。母亲说，看到我的第一眼，惊讶我的眉毛那样像我的父亲，浓黑地皱着，好像在思考什么重大的问题。之后她便深沉地睡着了。

母亲远离家人，没人照料她。胖胖的苏联看护大娘端来鲜红的西瓜，示意她吃。我出生在晚秋，这在内地已经是没有西瓜吃的季节，但在新疆正是瓜果飘香的季节。因为出了很多血，母亲口渴万分。但是她没有吃那诱人的西瓜，想起在老家，人们说月婆子是不能吃凉东西的。而且她还有说不出口的原因，生孩子的时候，一直咬紧牙关，满口的牙齿都松动了，无法咀嚼……

妈妈抱我回了凄清的部队。由于孩子不停地哭，不能再住集体宿舍了，母亲住进一间泥做的小屋。在新疆有许多这样的小屋，屋顶平平，墙壁裂缝，看得出是用湿泥堆积而成，在某个角落还留着施工者当年的手印。你常常觉得它随时都会倒塌，其实它可以在风雨中屹立多年，比人要活得长久得多。

小屋远离人群，母亲抱着我，度过一个个漫漫长夜。孤独地听着呼啸的塞风，她不敢熄灯，面对如豆的灯火直到天明。清晨别人问她，是不是小女儿很难带？她说，没有啊。人家说，那为什么夜夜灯火通明？妈妈不好意思承认自己害怕，就把罪名推到我身上，改口说，是啊，女儿很爱哭。

当我三个月的时候，父亲回来了。这是他第一次见到我，也很惊讶我是那么像他（其实我远没有我的父亲英俊，我先生同我相识以后，曾说过，你的父母都那么出类拔萃，可惜了你们这些孩子，居然没有一个像他们的）。父亲对母亲说，准备好，我们要走了。

母亲默默地准备行囊，她已经习惯了父亲的漂泊。甚至都没有问这次是到哪里去。倒是父亲自己忍不住了，说，你猜我们是到哪儿？上北京！

当时正是1953年年初，组建军委，从各大军区选调年轻的团职干部充实总部，父亲恰在其中。

母亲并没有表示太多的欣喜和惊讶，她一切听从父亲。只是在具体办调动的时候，遇到了一点意外。当时母亲的军籍已经报上去了，正在待批阶段。本来父亲要是稍微催促一下的话，也早就办好了。但因母亲一直得病，以后又是孕育我，父亲总想等到母亲能精干地工作时，再批不迟。现在中央的调令急如星火，上面只有父亲一个人的名字。摆在父母面前的是两条路——要么父亲一个人赶赴北京，母亲等着军籍批下来以后再办调动。要么同行，但母亲是以家属的身份跟随进京。

母亲毫不犹豫地选择了后者，这使她在今后漫长的岁月里付出了高昂的代价，影响了她的整个性格，浓重的阴影甚至渗进了我们的童年。

但是1953年年初的母亲是兴致勃勃的。她将随着她终身的依靠，一步步向内地迁徙。她离开父母已经很有一段时间了，她原不知自己何时才能再回家乡，此刻希望就在前面。

我那时只有三个月，携带这样小的孩子跋涉关山将遭遇怎样的困难，母亲估计不足。他们匆忙上路，坐在隆冬时节的汽车大厢板上，开始了历时几个月的颠簸。

妈妈本来以为是可以抱着我坐驾驶室的。一来在爸爸的队伍里，妈妈一直是享受照顾的。再一个原因完全是凑巧——同时调往北京的干部里，有一名家属也带了一个孩子，八个月大。

那孩子比你大了将近半岁啊，可他们不让着我。妈妈在多少年后一想起来，还叹息不止。

我的父亲历来是以忍让为美德的。他反对我的母亲同对方讲理，甚至反对母亲同对方协商出一个方案，每个孩子一天轮流坐在驾驶室里。他只是要母亲忍让，让那个比我的生命历程长了将近三倍的男孩，不受风雨的侵袭，日日享受驾驶室的温暖。

其实就是在那些最颠簸的日子里，留给我的依然是幸福。母亲的怀抱永远是婴儿的海洋与天空，只要有了母亲，我们就永远有太阳。

母亲为了我吃了很多的苦。每逢到了兵站的时候，父亲都不愿让母亲抱着我与众人一起吃饭，怕我一时哭了起来，坏了众人的食欲？母亲就一个人在车上坐着，直到大家都吃完了饭，才独自走向冰冷的饭桌。当然父亲也是身体力行的，他也常常让母亲先去吃饭，自己抱着我，孤守在汽车大厢板上。

我至今对所有人多的场合都心生畏惧，愿意一个人悄悄地躲在类乎大厢板这种寂寞凉爽的地方，拄着下巴出神。我想这一定归功于我的父亲从小不许我上桌吃饭的命令，养成了我躲避喧嚣的习惯。

进京的路线是从新疆伊宁翻越果子沟，到达乌鲁木齐。然后穿过星星峡经哈密出新疆，继续东进，沿河西走廊到达兰州。途中，在安西车坏了。母亲抱着我，徒步走过安西。一路上经过的许多地方，母亲都已忘记。她无暇参观车外的景色，一个三个月的婴儿在她怀中嗷嗷待哺。但她记住了“安西”这个地名，因为父亲对她说，过去的皇帝为了表示边境安宁，中国就有了“安南”“安东”“安西”……这些名称。面对着苍茫的大漠和如血的夕阳，母亲抱着她的小婴儿一边跋涉一边想，但愿此生永远不再经过安西。

现在在天上旅行不过几个小时的路程，父母走了几个月。到了1953年的5月，才到达北京。

其后的日子大约是母亲一生中最无忧无虑的时光。父亲作为年轻有为的军人，在总部机关大展宏图。中华人民共和国成立初期军人至高无上的地位，使得母亲心满意足。她没有其他的事情，专心致志地生养儿女。这其中有一次调干上工农速成中学然后上大学的机会，母亲毫不犹豫地放弃了，让父亲有一个舒适的家，让儿女们有一个快乐的童年，就是母亲单纯而美好的愿望。

父亲到政治学院深造了。母亲在家抚育着我们。这时已到了1957年，母亲已有了我、妹妹、弟弟三个孩子。她住在部队的大院里，每天穿着剪裁合体的旗袍，领着弟妹款款地散步。家中有保姆做饭，我被送到幼儿园长托，生活静谧而安详。

开始反右了，机关大院里闹得沸沸扬扬。从学校回来休假的父亲突然看到了几张大字报，说是有些军官的夫人没有工作，每天躲在城里吃闲饭……下面还附了一张长长的名单，母亲的名字赫然在列。

大字报是一个哗众取宠的人所写，所有被点到名的军官们都置若罔闻。但一贯尊严而要强的父亲如坐针毡，他第一次感到因为母亲，在众人面前感到抬不起头来。

吃晚饭的时候，父亲平平静静地说，你带着孩子回乡下去吧。

那一刻母亲惊骇莫名。但她很快就镇定了下来。她一生信服父亲，既然是父亲这样说了，那就是一定应该这样做的了。她默默地接受了父亲的安排，居然没有一丝异议。

第二天早上，母亲穿着单薄的旗袍，雇了一辆三轮车，大清早赶到前门的廊房头条，排队买了一架缝纫机。她从小绣花，二十岁时出来寻找我的父亲。现在带着三个孩子回到乡下，她不会干农活，只有给人家做衣服，维持生计。

当所有的军官夫人都我行我素地过着和她们以往同样的日子时，我的母亲到办事处转出了我们母子四人的北京户口。对于这种毫无外力胁迫下的自由迁徙，办事员大惑不解，一再提醒我的母亲想清楚些，北京户口可是个宝，一出了这个门，你就是哭得眼睛流血，也成不了一个北京人了。

母亲默默地听着她的话，什么也没有说，带着我们的户口回到她的故乡——山东省文登县的一个小村。

父亲甚至没有把我们送回老家，就赶回去上他的学去了。

母亲离开故乡的时候，是一个如花似玉的女孩，那一方水土的人都以母亲为骄傲，对自家的女孩说，要出落得像小英子一样，以后嫁个军官，见大世面，过好日子。现在年近三十的小英子突然很落魄地拉扯着三个孩子回来了，其中我最小的弟弟还不到一岁。

姥姥一家慌忙腾出“门屋子”，给我们住。这是一间暗淡的小屋，在大宅院里，是看门的长工住的地方。乡亲们窃窃私语，以为我的父亲一定是犯了天条，或者是我的母亲遭了婚变。

他们狐疑地观察着母亲，母亲对这一切浑然不觉。人们唯一能相信母亲说她在外面日子过得还好的证据是——我们这几个孩子粉团玉琢，不像遭了虐待的模样。

母亲的缝纫机没有派上什么用场，她只会简单地轧线，并不会裁剪，乡下人喜欢的式样她也做不出来，根本没有人找她做衣服。她开始下地劳动，玉米锋利的叶子把她的胳膊划出道道血痕。她毫无怨言，跟着年迈的姥爷学习着一件件农活。

不管大人们如何评价这一次搬迁，它在我心里留下了极为美好的印象。我再也不用穿夹脚的红皮鞋，而可以光着脚在地上跑来跑去。我再也不用喝腥气冲天的炼乳，而可以大嚼特嚼冒着青水的玉米秆，直到把舌头划出一道道血口，但是只见到吐出的渣滓变成粉色，并不觉得疼。中午时分我可以在大太阳底下，用姥爷编的小篮子捡河滩上无穷无尽的鹅卵石，捡满了就把它们倒回河里去。再也不用像在幼儿园那样必须睡午觉，谁要是睡不着，多翻了几个身，生活老师就不给你升小红旗……

那一年，我五岁。一个五岁的城里孩子记住的都是快乐。我的妹妹三岁，我的弟弟一岁，所以我相信，要不是经过特别的提醒，他们是一定不记得自己曾经认认真真地做过几个月乡下人的。

我父亲独自遣返家属的事情，被领导知道。他们要求父亲立即将我们接回。于是在离开北京很短的日子后，妈妈带着我们又回到北京。

新的家比原来的家还要大，还要漂亮。那时的家具都是配发的，所以把自己的被褥铺好后，几乎一切都没有变化，甚至比原来还要舒适。因为我已经过了幼儿园的转园时间，要在家里待几个月，才能进入新的班级，父亲专门为我请了新的保姆。在一段时间里，家里居然有两个保姆，好不热闹。

表面看来，一切都没有变。但是一个最重要的变化已经不可逆转地发生了——我的母亲认识到了世界的严酷。她原来以为父亲就是一切，现在才发现她除了父亲一无所有。

我要去上班，去工作。母亲说。父亲惊讶万分，说，你能干什么呢？母亲已经快三十岁了，她除了绣花，没有做过其他的工作。这些年忙着抚育我们，原有的文化已经淡忘。

别人能做什么，我也能做。母亲说。

但是孩子怎么办呢？父亲问。

找保姆。母亲坚决地说。

父亲是挚爱母亲的，他什么都没有说，开始为母亲联系工作。因为母亲爱绣花，她进了一家工艺美术厂，在铜器上描花。

母亲也许幻想着成为一个工艺美术大师，但她必须从学徒做起，每月的工资是十五元。

家里雇着两个保姆的开销，数倍于母亲的收入，母亲每天除了上班以外，还要参加众多的政治学习，回家时往往是深夜。母亲从来没有经历过这样紧张的奔波，回家后看着我们被保姆带得肮脏不堪，素有洁癖的母亲又挽起袖子亲自为我们洗涤。

这样几个月下来，父亲看着疲惫不堪的母亲和顿失饱满的孩子说，你就不要上班了。这是何苦呢？我又不是养不活你们。

母亲一字一句地说，我再也不想让别人养活了。那个贴大字报的人，不管是什么用心，他让我明白了，一个人要是没有一技之长，说不定什么时候，别人就会操纵你的命运。

从此后，母亲坚忍地过着她的学徒生活，我们几个孩子主要在别人的照料下渐渐长大。父亲繁忙地工作着。大家虽然忙碌，也很快活，直到有一天……

那时我已九岁了，记忆已十分清晰。在一天吃晚饭的时候，父亲突然说，我要回去了。

母亲什么也没问，但是立刻知道了父亲所说的回去，是指返回新疆。

母亲说，吃完饭再说这件事好吗？

吃完饭后的事情，我就不知道了。当我长得比较大以后，才知道，由于中苏边境、中蒙边境形势紧张，要向新疆增派干部。父亲是从新疆调来的，对新疆比较了解，自然是首选。

我们已经守过边疆了，现在该轮着别人去了。母亲无力地说。

跟组织上是不能讲这个话的。父亲说。

妈妈以为原来同我们一同调京的干部，大部分都会回去。没想到真到临行的时候，只有父亲依旧去戍边。

别人为什么都不回去呢？为什么偏偏是我们？母亲不解。

他们都说自己有病。父亲说。

那你也说自己有病。母亲说。

我没病。父亲说。

当我的父亲后来患一种极罕见缓慢的恶性血液病，离开人间的时候，我在外文资料上看到，父亲所患疾病的病史是长达几十年的。父亲到了新疆之后就多次高烧，现在看来，那就是疾病的早期征兆了。

那些号称有病的军人，至今还在世上。我的健康无比的父亲，已长辞人间。

由于当时边境形势十分紧张，父亲必须立即前往，不得携带家属。于是父亲又一次离开我们母子，一个人奔赴祖国的边疆。

从那以后，我基本上就没有跟我的父亲长久地相处过。他在我的心目中，渐渐地幻化成一个神。当我们做了什么不好的事情的时候，妈妈就会说，要是你爸爸知道了，他会难过的。要是我们做出了什么成绩，妈妈就会说，你爸爸知道了，会高兴的。所以，对我来说，无所不在的父亲，总是在高远的天空俯视着我，犹如上帝的目光。

我觉得在我的父亲离开北京以后，我的母亲才真正地长大。尽管在这以前，她已经有了三个孩子，还经受了一次下乡的锻炼。现在，她一向依傍的肩膀断然离开，在漫长的中蒙边境建设中国铁的边防。三个孩子像蚂蟥一样吸在她的身上，汲取她的力量。

母亲在那个年代留下的照片，明显地呈现出一种断裂。在我的父亲没有离去之前，她是优雅的军官夫人。在这之后，虽然父亲的官职不断升迁，母亲反倒更像一个劳动妇女了。母亲在一家普通的工厂做工，从亲身的经历中，体验到民间的疾苦，对我们的要求更严格了。她终日和平民百姓打交道，变得越来越朴素。

母亲上班的工厂不通汽车，她就从旧货市场买来一辆“生产”牌的自行车，从此每天在路上奔波两小时。她再也不穿优雅的旗袍了，因为她始终没学会骑车的刹闸，遇到危险时只会匆忙跳下，旗袍不方便。她也像普通女工一样中午带菜，我记得她总是把青椒之类很清淡的菜，装进一个小酒盅里，说是这样不容易撒。依家中的情形，妈妈可带好一些的菜，但她很俭省。我后来才明白，她是不愿让别的女工感觉她特殊。冬天她冒着风雪回来后，手冻得像冰坨，弟妹都吵着要她抱抱。母亲总是说，让我在暖气上把手烤热一点再抱你们……

母亲跟着她们工厂的人学着纳鞋底，说要给我做一双布鞋。我一直对母亲的布鞋充满神往，对同学们也吹过不止一次。但是母亲因为忙，这鞋做了好几年。等到鞋底子纳好的时候，我的脚已经长大了，无法再穿这双布鞋。母亲就说，可以改成布凉鞋，反正脚指头能伸到鞋外面，小一点也是可以穿的。我大度地说，那就变成凉鞋好了。但实际穿起来，才知道布底子的凉鞋是很没有优越性的，夏天多雨，一沾水就变得死沉，实在不舒服。

母亲为我们织毛衣（在这以前，我们的毛衣都是买的，十分漂亮），织了很大一片，才发觉掉了一针。母亲就和我商量，说要是拆了重织，浪费很多时间。干脆用针线把那个窟窿补起来，不仔细看是看不出来的。我当然拥护妈妈的合理化建议，而且认为天衣无缝。直到很多年以后，我听女人们议论起毛衣掉了一针，需拆了重织时，我苦口婆心地劝她们只需用针缝起来，她们惊讶得仿佛我是教唆纵火，我这才晓得妈妈当年是如何地因陋就简。

妈妈实在是太忙了。

父亲刚走，我的弟弟就在幼儿园里患了急性黄疸型肝炎。这在那个饥饿的年代，是可以置人于死地的疾病。两岁的弟弟被送到全军的传染病医院隔离治疗，因为我的父亲已经调出这个单位，父亲在时的所有待遇一概取消（我至今认为军队是最铁面无私的地方）。母亲在每一个星期日去赶公共汽车，倒几次车，去远郊看我的弟弟。当然给父亲写了信，但是父亲是不会回来的，在他的心里，国家的事永远比自家的事重要。

后来我的妹妹又得了重病，住进了301医院，要动手术。手术做到一半，医生传出话来，怀疑是癌症。母亲在扩大手术范围的单子上签了名，手术整整做了九个小时。那一年，我的妹妹刚十一岁。

父亲这一次回来了，但是只在家里待了两天，就又坐飞机赶回边防线。母亲几乎习惯了对命运中的突变，单独应战。她已经从那个柔弱的夫人成长为一根顶梁柱。

她每日守着妹妹，带她去烤镭，带她看中医。妹妹成功地从病魔的手里逃脱出来，是母亲再造了妹妹。

但母亲对我们又是很严厉的。自父亲调走以后，我们家的位置起了某种微妙的变化。我们的小学是部队的子弟小学，家长们的爵位就成了砝码。父亲在时，我并不是凭借父亲的职位才获得成绩，但是父亲走了之后，要保住以往的光荣，我们却要付出加倍的努力。

但无论怎样挽救，事情也有不能如意的地方。比如我担任少先队的大队长一职多年，因为我的学习成绩一直比较优秀。有一次，大院里说是学空军，要把孩子们另组织起一支新的队伍，一位成绩不如我的同学成了这个组织的大队长，而我成了一个莫名其妙的楼长。

母亲知道之后，声色俱厉地斥责我，说我骄傲了，退步了，怎么连谁谁都不如了……那次打没打我，我不记得了。但我记得心境非常忧伤，我注视着母亲，心想，妈妈您是真的不懂“人一走茶就凉”的道理吗？我比您小得多，可是我懂。我在心里对她说，妈妈，我已经尽了最大的努力，但我就是比现在做得还要好上十分，这个大院里的大队长也是不会给我当的。那个同学的父亲是主管学校的要人，您忘了吗？

我的父亲出任中蒙边境边防总站的第一任政委，成功地完成了多次边境谈判。在20世纪80年代末期，报纸画报上登出某位现今的领导，是中蒙边境防务的缔造者时，父亲淡淡地说，我当政委的时候，他刚刚入伍。

父亲一生淡泊名利，他永远把家庭置于国家利益之下，母亲为此做出了巨大的牺牲。

“文革”开始，父亲参加“三支两军”，制止武斗到了不顾身家性命的地步。母亲实在放心不下，她决定追随父亲到新疆。

母亲又一次经过安西，为了父亲和我，重回荒凉之地。

我参军到了西藏，母亲经常面向她以为是西藏的方向，长久地流泪。

我是长女，母亲对我倾注了更多的爱。我从小就和母亲相依为命，所有的艰难和困厄，我都和母亲一同渡过。

我更深刻地认识母亲，是在得知我的父亲患重病之后。母亲的“天”塌了，我知道这对于她是怎样深重痛苦的打击。但是在那灾难性的日子里，母亲表现出了无畏的勇敢和坚忍，她无微不至地照顾父亲，安慰我们。其实这个世界上最需要安慰的正是她自己啊。

写到这里，我的泪水滚滚而下，电脑的键盘上落满了水滴，手指不断打滑。我无法平静地描写父亲最后的时光，也许我永远也写不出来，那实在是心灵的炼狱。我只是为我的父母深深地感动着，他们相依为命，一同走过了艰辛而幸福的一生。

父亲在最后的痛苦中对我说：我很幸福。有你妈妈，有你们……

父亲是一个军人，一个永远以国家的利益高于一切的人。在他的一生中，我没有听他说过类似温情的话。

我的母亲——那个山东昆嵛山下聪明美丽的女孩，她将一生交给了我的父亲，又顽强地从父亲的身影里走了出来，以她坚忍的自尊和努力，给了我们以良好的教养、简朴清白的品格、荣辱不惊的心胸和在巨大的苦难面前无所畏惧的气概。

我的父亲在我的眼中是神，他的目光睿智而高远。

我的母亲是一个普通的女人，她用自己的血脉锻造了我们，精神融化于我们的生命。为了使她快乐，她的子女愿意做任何事情。我的妹妹后来在北京大学读书，弟弟在1977年考上大学。

父亲去世后，母亲曾对我说，你爸爸到远处去了。你们小的时候，你爸爸就经常到远处去，这一次不过走得更长久些。我们终会到你父亲所在的地方去，我们还会团圆。在没有远行之前，我们还像以前你父亲不在的时候，一道好好地过日子，好吗？

好的。妈妈，我答应您。爸爸妈妈，无论天上人间，我们永远在一起。

妈妈的饺子

好受不如倒着，好吃不如饺子。

一句俗话。前半句我以为是极正确的，后半句则“英雄”所见不同。世上比饺子好吃的东西多了去了。但父母是正宗的山东人，有一种对饺子的崇拜。如果是长久地吃不上饺子，哪怕是天天山珍海味，也是够可怜的。

包饺子太麻烦。不是所有的菜都可以做馅，只有那些辛辣芳香的才好入选，例如韭菜、茴香。这种菜多叶嫩须长，需要“择”。“择”是很费时间的。掐去黄叶，裁掉老根……单调枯燥的过程把人的耐力磨得菲薄。未及开始，就已厌倦。当然也有不需“择”的菜。比如扁豆，但要先烫后剁；比如西葫芦，要擦丝拧水……

如今有了绞肉机，肉馅的细碎已不用愁（涮刷刀刃和料桶，也挺伤脑筋），就不去说它了。

然后是和面。因是偶尔为之，软了硬了就没个谱。好在硬了加水，软了揣面，补救起来并不难。直到那面的轮廓较之预定的面积要大出几圈，这道工序才告结束。然后给它蒙上一块湿布，等着它“醒”，好像它是一只冬眠的熊。

该往肉馅里打水了。要顺时针方向搅拌，偷工减料可不行。直到手腕子像坠了铅镯子，才算勉强合格。

终于可以包了。

揪面剂子可是个技术活。妈妈总说不能用刀切，有铁锈气。我想不通，平日吃的菜和面条不都要沾铁吗？为什么彼粗放而此细腻？也许由此衬托出饺子的高贵。

分工丈夫管前期备料，我承包后期工程。他揪面剂子的手艺不灵，波动频繁。你说剂子小了，他就扔下来两个大的，你说大了大了，他马上又撕两个极小的……不知是谦虚还是成心捣蛋。在我们的不断反馈调整中，饺子们三世同堂。

丈夫擀皮的技艺也不敢恭维，最大的缺陷是不圆。按剂子的左手拇指过于执着，使面皮的某一局部受力过重。面皮在他递给你的时候，似乎完美无缺。包时稍一抻拽，就像成熟的石榴一般裂开，只不过露出的是绿色内容物。

怎么办呢？再擀一张大面皮子，把破了的饺子像个婴儿似的包裹起来。亡羊补牢，犹未晚也。只是这种双黄饺子没人爱吃，又不容易熟。

我就打补丁，在饺子的破处再粘上一小块面。当时看着还算妥帖，煮时依旧脱落。不是原装的，一遇到考验，就现出间隙。

我包饺子的技术，尚属过得去。一次在史铁生家吃饭，合伙包饺子，属我的技术最娴熟。但也许是那次去的作家都是南方人。

每逢包到临近收尾，心情就渐渐紧张。怕馅多了面少了之类供需失调的矛盾。馅多了需重新和面，面多了就拉成几根面条，胡乱丢进最后的开水。

好不容易一个个包得了饺子，又需一锅一锅煮。饥肠响如鼓，谁煮谁就最后吃。这乃是家庭生活中考验人的时刻。一般由我领衔主演。

煮饺子是有讲究的。开盖煮皮，捂盖煮馅……每次口中念念有词，好像一道符咒。

往锅里点上个三四回水，饺子就可以捞在盘里了。再把忙中偷闲剥好的蒜瓣、调好的醋汁一并摆上桌，才算大功告成。

饺子不能煮得太轻，菜叶直直地站在饺子皮里，吃下去会拉肚子的。也不可煮得太过，烂成菜泥，就是婴儿食品了。

还有许多的小讲究，比如“挤”的饺子比包的饺子好吃。“挤”是用两手的拇指和食指合力一卡，使皮和馅的排列发生结构性的重组，浑然一体。吃时整体感很好。这是山东人的专利，非得高手才行，一般人不在行。

吃饺子多么地烦琐！它是家庭餐饮业中的豪举，是主妇功课里的长篇小说。非得有大精力大准备才敢操练，两个人还得同舟共济，鼎力齐心。

于是便不再吃饺子。当然过春节时不在此例，再忙也要图个吉利。

饺子是一种时间的奢侈品。

有一天孩子对我说：“妈！咱们今年还没吃过韭菜馅的饺子呢！”

我说：“没吃过也吃不成了。你没听说过，‘六月韭，驴不瞅’。”

儿子说：“可我们不是驴啊！驴不瞅，管它呢。我们吃就是了。”

我说：“那是句比喻。天热日照长，韭菜的纤维粗糙，辣得熏鼻子，实在是吃不得了。明年再吃，好吗？”

“还是今年吃吧。改别的馅的好了。”他矢志不移。

我瞧瞧摊了一桌的稿纸，说：“咱们吃速冻饺子吧。”

他说：“我想吃真正的饺子。”

我想对他说，速冻饺子绝对是真正的饺子，只不过是机器包出来的，还是货真价实的。忍了忍，终于咽下去。

我对他说：“告诉你一个能吃上饺子的办法。星期天到你奶奶家玩去的时候，奶奶要问你想吃什么，你也别忸怩，就直说想吃饺子，奶奶就会让姑姑给你包的。注意，要说就早点说，别磨蹭到下午才张嘴，闹得人家措手不及。”

儿子脆生生地回答：“记住啦！”

我的妈妈在石家庄。有一天石家庄来人，说你妈托我带给你一样东西。

我解开塑料袋，掏出一个盒子。揭开盒盖……

满满一饭盒饺子！

老人家半夜起来和面剁馅，忙了半天。煮好后又用凉开水涮过，确保不黏了，这才装盒。从石家庄带到北京，六百里地呢！

来人说。

片刻间，我的泪水像海潮似的涨出眼眶。当着外人，不好意思落泪，强笑着说，我妈也真是的，又不是旧社会，几百里路给我捎饺子，以为我饥寒交迫呢！

那人紧盯着我说，快咬一个尝尝！你妈一会儿怕咸了，一会儿怕淡了，念叨不停。

我赶快吃了一个饺子，可什么滋味都没尝出来。喉咙口很热，像有一块火红的炭卡在那里，其他感觉都抵不过那热。

“不咸，也不淡。正好。”我说。

你妈说你好可怜，连顿饺子也吃不上。那人说。

我父亲已经去世了，只剩下妈妈一个人。我们在遥远的地方，无以尽孝道，妈妈还这样关怀着早已成年的女儿。在凄清的凌晨，一个人披衣起身，孤零零地擀皮孤零零地包……一次只能擀几张皮，多了一个人包不过来，就皴了。妈妈是极讲究饺子质量的，这许多饺子她一定包了很久很久……也许她会先拿小锅，煮几个尝尝……她总说我的口味比她重，一定是自己觉得咸淡适中了，又加上一把盐……过后想想，又怕咸了，心中不安……

我过两天就回石家庄，我跟你妈说，你特喜欢吃她包的饺子。来人很周到地对我说。

“别！可千万别！”我慌得急不择言，“你就跟我妈说，饺子从石家庄带到这儿，路太远，都馊了。没法吃了。”

不能吧？那人狐疑地俯下身，闻了闻。说，除了香味，没别的味呀！

我说：“求求你，就这么说。不然我妈以后还会带饺子来。”

他停了好一会儿，说，就依你吧。

那盒饺子个个囫囵滚圆，是典型的“挤”饺子。

妈妈的水仙

朋友送我几个水仙头，说是最新的品种，球茎硕大，花芽繁茂，春节可开出金色的重瓣花盏。

妈妈没养过水仙，很随意地找来一个浅盆，注满了水，把水仙头浸了进去。

我说，妈，需找行家将水仙头雕刻了，才会长出优美的造型。

妈妈说，我看人家的水仙都是这样泡着的，并没有动刀动剪。你不要充内行，我知道你也没有养过水仙。

我说，是啊，我没有养过水仙，可我看过养水仙的书啊，书上就是这样说的。

妈妈说，你那是本本主义。

我就不再说什么了。养水仙是为了让妈妈高兴，她高兴那样养，就那样养好了。

水仙头得了丰足的水的滋润，渐渐膨胀起来，蜕去了葱样的旧衣，生出白嫩的须根。有绿珠似的芽叶挤了出来，畅快地舒展腰身。妈妈把水仙盆放在靠暖气的窗台上。我趁她不注意，把盆端到封闭的晒台上，让它见阳光。妈妈见了，赶快用手圈着盆，把水仙救回来。

我说，水仙喜寒不喜热。

妈妈说，又是你那本书上写的吧？我看，你把水仙加上两个点，改成“冰仙”得了。

从此，我再不敢让水仙经风雨见世面。

妈妈为水仙换水的时候，拎一把水壶，从上灌下，把水仙盆灌得像个澡盆。

我说，妈，节约用水。水仙可以游泳了。水太多，叶子易疯长，书上说……

妈妈打断我的话说，水仙水仙，没有水，哪能成仙？

水仙在妈妈的侍弄下，蹿得很高，犹如一片茂密的竹林。妈妈得意地说，别看我没养过水仙，长得还真不错啊。接着又谦虚地补充一句，其实也没有什么，水仙好养。

当水仙长到两尺高的时候，终于开花了。叶片在嫩绿中透出鹅黄，好像长得太快的少女，清秀地临风而立。高耸的花茎像一柄长剑，颤巍巍指向天花板。花真的是重瓣，只是那颜色为稀薄的米黄，实在算不得是金黄。若有若无的香气，像丝一样在空气中抖动着……

妈妈很高兴，对邻居们说，我家的水仙开花了，你们来看呀。晚上我读书的时候，像水稻一样高的水仙，突然从窗台上倒伏下来，凌空落下，訇然一声好像被伐倒的空心木。叶脉像绿色的头发，柔软地纷披着，花也合上了眼睛，好像赤足走了长路的美人，睡眼惺忪。

水仙盆里满满的一腔清水，将好大一块地毯的颜色，染得比平日要深。

我竭力将水仙扶进盆里，希望它们重新挺立。无奈这骄傲的精灵倔强地匍匐着，不肯挺起胸膛。

我只好将它们收成一拢，允许它们卧着，做一个好梦。第二天早晨，妈妈见了躺下的水仙，吃了一惊。

我说，妈，是我不留意，把水仙碰到地上了，又没有及时发觉……

妈妈就叹着气对邻人说，那是多么好的一盆水仙啊，都怪我女儿……不，是我自己想得不周到，要是把盆再往窗台里面挤挤就好了……不过，没什么，欢迎你们明年再到我家看水仙……

下午去开家长会

下午去开家长会，孩子，你可知道妈妈此时的心情？

中午特意洗了把脸，用梳子重新拢齐了头发，最后还照了一眼镜子。镜子里是一张操劳又略带忧郁的面孔。

我不知道别的家长是否这样郑重，但我是，孩子，我希望你的老师对我能有个好印象，相信衣着整洁的妈妈能教育出一个好孩子。

走在通往学校的路上，心中有种莫名的紧张，我不知道等待我的消息是凶还是吉。

孩子，多么希望听到老师夸奖你呀！谈你聪明，谈你机灵，我自然十分高兴。但我更喜欢听老师夸你勤奋、刻苦、友爱……因为前者多归功于上天的赋予，而后者更多地属于你自身的努力。

孩子，坦白地说，夸你的时光虽然有，但更多的时候，我听到的是你的弱点和缺憾……

那种时刻，真令人尴尬和难堪。我的自尊心强烈地蜷缩起来，我的头在老师和其他家长的注视中沉重地垂下……因为我是你的母亲，在很多场合下，我便成为你的化身。孩子，你可想到在那一瞬间，妈妈心灵所遭受的痛苦？

母亲的心，真是一件奇怪的东西。当老师不再述说你的失误时，我却会追问不止，生怕他漏掉一点蛛丝马迹。对于你身上滋生的蛀虫，我是既怕看到，又想看到。假如你没有任何缺点，光滑得像一个美丽的红苹果，那当然太好了，不过我们谁也做不到。我们能做到的只是不断地克服缺点，自我完善，那么自然是谬误发现得越早越好……

我还会抓紧时间同别的爸爸妈妈们交换看法。如何教育子女是为人父母者一门永恒的功课，而且容不得失败，不允许返工。我会一言不发地倾听别人的经验谈，也会力排众议地提出自己的新观点。家长和家长，有谈不完的话题——那就是如何让孩子茁壮成长。

暮色西沉时，我才离开学校。心中已不再忐忑不安，只是想快快见到你，我的孩子，妈妈有许多话要对你讲，先讲你的优点长处，再讲老师对你的殷切期望，最后要讲你的缺点错误和今后努力的方向……

孩子，我猜你也在焦急地等待着开家长会的妈妈吧。在今晚的灯光下，我想我们会长久地交谈。

愿你的步伐会更加轻捷有力……

蓝色萝卜

有一天，我到商场的玩具柜台，为朋友的孩子过生日准备一份礼物。因总是拿不定主意，挑来选去的很费时间，便听到了如下一番谈话。一位老妇人，在卖橡皮泥的柜台，转了好几个圈，神色有几分茫然。嘴里小声嘟囔着，哟，这才几年不见，橡皮泥已经变得这样豪华了，好的要上百块钱一套了，记得早先，几毛钱就能买一板，什么颜色都有的。

正值中午，买东西的人不多，女售货员挺清闲的，就同顾客聊开了天。

哎，我说这位大姐，您那是什么时候的皇历了？几毛钱一板？少说也是三十年前的事了。那会儿的东西糙着呢，再说也不是啥色的都有，才十二色，哪如现在的橡皮泥，三十六色，花哨着呢。单说红吧，就有粉红、金红、大红、桃红……细致得很。还附带模型，您是想要麦当劳的食品型，还是白垩纪的恐龙型？您叫孙子把橡皮泥往模型里这么一按，再一磕出来，就什么都妥帖了，跟真的一模一样。

那老妇人现出不好意思的神态，说，我不是给孙子买的。是给儿子买的。

售货员毕竟是从商的人，并不因自己说差了而尴尬，很快接着茬儿说，看您这年纪，儿子怕也有小三十了吧？您还这么惦记着他，真是个好妈妈啊！

老妇人点点头说，是啊，他大学毕业，已经工作多年了。她边说，边拿起售货员递来的样品，很仔细地端详后，把附有模型的橡皮泥向柜台里面推了推说，我不要这种千篇一律的东西。要那种自己可以随心所欲地发挥创造性的橡皮泥。

售货员热情而久经世故的脸上出现了几丝迷茫，连我也听得起了好奇之心，用余光打量起老人。她衣着很普通，第一印象，几乎要把她归入街道家庭妇女范畴。但这结尾的话，让人得修改初衷，确认她是受过良好文化熏陶的知识女性。想来那儿子，也已是成年的知识分子了。那么，这玩具的意义何在呢？

售货员不愧见多识广，在短暂的愕然之后，很快就重现成竹在胸的神色，缩窄了喉咙，同情地说，哦，我明白了。您的儿子精神上……是不是有点……那个……我接待过这样的顾客，是安定医院的大夫。也是不要带模型的橡皮泥，因为对病人的思维和手的活动帮助不大。简装的橡皮泥，反倒实用。病人们可以像孩子一样瞎捏，尽情地发挥想象力。听说从他们捏的玩意儿里，还能推算出病情好坏呢……

售货员嘴快手也快，把带有麦当劳和恐龙图案的大盒橡皮泥，麻利地收起来，递过一种色彩艳丽的简装橡皮泥。

老妇人很感激地看着售货员，轻声道着谢，然后细察新品种的成色。

售货员充满同情地叹了一口气。老人露出不很中意的样子说，基本还可以吧。只是有没有更多一些的泥？

售货员很遗憾地说，这种橡皮泥的颜色，已经是最丰富的。您就是跑遍京城，也不会找到比它颜色再多的橡皮泥。您这么大岁数了，家里还有病人，差不多就得了，别累坏了自个儿。

老妇人急忙解释，我不是嫌这橡皮泥的颜色少，是嫌它的分量少。

售货员恍然大悟道，是这样啊，那我们还有大桶装的。都是专给幼儿园团体购买预备的，够一个班小朋友捏着玩了。没想到您儿子一个人能用了这么多。说着，她从柜台角落拖出一个铁皮桶，看起来分量不轻。

老妇人再次察看，脸上终于露出满意的笑容。说，谢谢你啦。我儿子个子很高，手也很大，手指也粗，那些专为娃娃预备的橡皮泥，对他来讲，太精巧了些。这种正合适。

老妇人交了费，把售货员为她精心捆好的橡皮泥桶抱着，预备离去。售货员向她扬扬手说，您老多保重吧。看得出，您那么爱自己的儿子，他得了这样的病，您一定特难过。

老妇人开心地笑了，露出一口极为洁白的牙齿。虽然按她的岁数推算，这是假牙，但仍让人感到她压抑不住的快乐。她说，谢谢你的关心。不过，我的儿子并没有什么病，他很好，很健康，是个很棒的电脑工程师。

目瞪口呆的不仅是那位热心的售货员，还有在一旁偷听的我。谜团没有揭开，越结越死。

老妇人说，事情是这样的。

我儿子小的时候，手很巧。我给他买回各种各样的玩具，让他开发智力。有一次，我买了橡皮泥，就是你说的那种老掉牙的货色——只有十二色的一小盒。他用它们捏小鸭子、小轮船，活灵活现的。有一天，他捏了一只大萝卜。就是童话剧里，小兔子和小花狗团结起来拔的那种萝卜。圆圆的，大大的，红红的，上面还长着翠绿的缨子。我喜欢极了，还有骄傲和自豪。我把这个萝卜小心地带到单位，让同事们看。大家都说不是那么小的孩子能捏出来的，没准是哪个工艺师随手的小样。我听了以后，心中甜似蜜呀。回到家后，儿子跟我要那个萝卜。我说，干吗呀？他毫不在意地说，把它毁了，重捏啊。红色的归到剩下的红泥堆里，绿的归绿的。我很可惜地说，那这个萝卜不就没了吗？他睁大天真的眼睛说，可那些橡皮泥还在啊，我还可以捏别的呀。我说，不成。过几天，就是六一儿童节，单位里要是组织展览，这个萝卜就是上好的展品。你不能把它毁了，我要留作纪念。

儿子很听话，不再要回他捏的萝卜了。过了一段日子，他悄悄问，你们单位开过展览会了吗？我说，今年没开。你问这个干什么？他说，我想要回那个萝卜，让它回到我那一堆各色的橡皮泥里，这样，我就可以捏其他的东西了。我不耐烦地说，这个萝卜我还想留着呢。你该捏什么就捏吧。儿子又怯生生地说，妈妈，你能不能再给我买一盒新的橡皮泥呢？我说，为什么？原来那盒不是挺好的吗？儿子说，那个萝卜走了，它的颜色就不全了。我敷衍地说，好吧，哪天我得空了，就给你买。那阵子，我一直很忙。更主要的是不把孩子的请求当回事，总是忘。孩子问过几次，我心里烦，就说，你想捏什么就捏什么好了，颜色有什么要紧的？大模样像了就成。我儿子很乖，从此，他再也不提橡皮泥的事情了。

大约半年后的一天，我下班回家，在桌子上，看到了儿子用橡皮泥捏的新作品。我不知是不是他特地摆在那儿的——一只胡萝卜，身体是蓝色的，叶子是黑色的。

我当时应该警醒的，可惜忙于工作，不愿分心，就装作什么也没看到。

从此，儿子再不捏橡皮泥了，我也渐渐把这件事淡忘了。直到他长大成人，几十年当中，我们都从未再提过橡皮泥这个词。

前几天搬家，从尘封的旧物中滚出一个铁蛋似的东西，我捡起一看，原来是那只蓝色的胡萝卜。谁也不知道它是怎样被保存下来的。我把它放在手心，深深地感到儿子当年的无奈。我从中听到了强烈的抗议和热切的渴望。我想赎回我当年的粗暴和虚荣，想完成我曾经的承诺……

她说到这里，头深深地埋下了，花白的头发像一帘幕布，遮住了她的眼睛。

老妇抱着橡皮泥桶，缓缓地走了。我也随之订了一件礼物，离开了商场。我决定，在送给小朋友生日礼物的同时，送给他的妈妈一个故事。

只听得售货员在后头喃喃地低语，谁知她的儿子还记得这回事不？会原谅他妈妈吗？

无胆之人

好像在西藏当兵的时候，落下了有时肚痛的毛病。那是一种温柔的潜藏很深的朦胧痛，不剧烈，但地址固定，似乎还携着轻微的脉动。凭我那时的少许医学知识，心想，不会是一个寄生在脊柱上的血管瘤吧？真要那样，我可能在某一次开怀大笑的时候，腹压升高，血浆迸裂，突然倒地死去。我为这个问题遥望雪山，忧心如焚。不是因为怕死，是怕死了以后，将由别人收拾遗物，送还我万里之外的家人。被人检点生前思绪，是一件难堪的事。隐隐的疼痛好似一道符咒，迫使我做出一项重大决定，将厚厚几大本日记全部烧光，并发誓永不再写。当缺氧的空气里抖起蓝边金芯的火苗（撕碎的纸页泼上无水酒精，燃烧得像孔雀翎一般好看），我摆脱了对世间的牵挂，对那种反复发作的疼痛，也不再恐惧万分了。

以后的若干年里，疼痛像一只忠实的小狗，亦步亦趋追随左右。陪伴我上高山，下平原，从藏北到京城，宠辱不惊，休戚与共。它谨慎地把握着分寸，从不惹我真正生气。轻微发作时，只需我像老人一般弯弯腰，缓解一下挺胸直背时的压力，它就悄然遁去，如刀尖划破冰面，愈合后不留一丝痕迹。最顽劣的表现，也不过是逼得我短暂地闪进工作间的白色屏风里，对一同上班的其他医生说一句：我有点不舒服，躲里面检查床上趴一会儿啊……次数多了，大家道，你想休息，直说就是了，干吗像个不愿做功课的小孩，每次都撒一个肚子痛的谎话……我愤愤地回击她们说，没有一点人道主义精神，小心本所长康复以后给你们穿小鞋哇。

我行医二十余年，自身几次比较重大的疾患，都是处于膏肓状态，才被院外的专家确诊。在就职的卫生所里，非但自己绝无“小荷才露尖尖角”的蜻蜓眼力，周围的医生也是“久入鲍鱼之肆”的聋鼻子。至于每年的例行体检，邀的虽都是京城威名赫赫的医院，但没有一次发现过青蘋之末的灾难。

面对每年都是“正常”的体检单，我认为疼痛是一幅精神的海市蜃楼。但那个不计名利的家伙，不理睬书面上对它的置若罔闻，以相当稳定的节奏骚扰我，兢兢业业，风雨无阻。结果不但我自己，就是家里人也将它视为正常生活的一员，相濡以沫，和平共处。假如它有一段时间不来造访，我会说，噫，奇怪啊，肚子最近怎么不疼了呢？家人也会跟着不安，说，是啊是啊，好长时间不听你念叨了，不会有什么变化吧？我说，别着急，咱们这么惦记它，它会来的。

果然，随着我的年龄增长，它也像熟练的老仆，越发殚精竭虑服务周到了。频率较前稠密，强度较前加深，盘旋的时间也大大地加长了……在别人看不到的地方，我开始用手握成拳，抵住胸腹，略解疼痛。但通常只要稍能忍受，我就很快松开拳头。记得身患肝癌的焦裕禄，好像就是用这种姿势，将竹椅的扶手顶出一个破洞，我觉得这止痛的方法不祥。还有一招，双手心周正地按在剑突下——就是人们常说的心口部位，缓缓下压，居然奇效。猜想那是人体血脉聚集之地，以痛治痛，类似武林高手点了某处大穴。不料先生有一次见了这种自我施治，惊道，莫非你也在学西施？我恼火地说，就算西施首创了这个姿势，并没有取得专利权，凭什么两千年后，我们还模仿不得？

伴随症状也渐渐多了起来，好像老仆嫌自己孤单，特带了孙男弟女集体拜访。我开始恶心欲吐，肩胛如裂如剜。我问先生，晚饭吃的东西，会不会食物中毒？我怎这般难受？他不忍看我独受此苦，同仇敌忾地说，是啊是啊，我也深有不适。他的假话使我大释然，认定食物作祟，不再追究。

直到这时，疼痛还同我保持着最后的礼节，好像向苏联发动大举进攻，发动闪电战前的希特勒。我也努力绥靖着，维持着健康泡沫。

1997年8月，我巴望已久的新疆之行，终于实施。雪山盆地，纵横驰骋。南疆北疆，大吃大喝（我因不吃手抓羊肉，不喝葡萄酒，大吃的是水果，大喝的是酸马奶）。一路颠簸，身累心喜。某日夜半，自吐鲁番赶回乌鲁木齐，疼痛突然在吉普车上毫无征兆地凶猛发作，使我陡出一身冷汗。宾馆预备了热饭，一口也无法吃，匆匆吃药，辗转在床。唯一的希望是噩梦醒来是早晨。

我至今对缠绕我多年的疼痛，充满最后的感激。它维护了我的面子，使我成功地完成了西域之行，全须全尾回到北京。试想若病倒边地，将给主人平添多少麻烦！所以说这位“魔头”，还是很有几分顾全大局的侠义心肠。

回到北京的第二天晚上，那蛰伏已久的疼痛，摇身一变化作狂犬，以凶猛十倍的残忍，发动了势如破竹的秋季攻势。开始的半小时，尚有张弛，用焦裕禄或是西施止痛法，稍事抵挡，还可获片刻喘息。但很快形势逆转，疼痛撕下面具，暴躁起来，如长鞭驱赶大批毒蛇，从我体内的某一处出发，在腔内翻转腾挪。疼痛好似优异的“体操运动员”，精彩地练着它们的托马斯全旋。无数火红的芯舌狂舔脏腑，烙铁般的疼痛如霞蔚蒸腾而起。

我惊骇莫名，不单被剧痛狠狠攫住，更被恐惧深深震慑。我从不知道人的一部分器官，能如此狂躁地与整体铁血为敌。腹中所有的管道，好似沾满苦水的毛巾，被魔手精致地拧成麻花。那一刻，我以为世界的末日就要来临。

先生看我以头抵墙，知道此次疼痛振幅巨大，已超出我的意志控制范围，忙说，咱们上医院吧。

我点点头，已无法言语作答。进医院，仅剩的力气，只够勉强维持最基本的体面，蹲在地上，咬紧嘴唇，堵塞呻吟不要出口成章。化验，体检。医生把冰冷的手指，搭在我的右肋中点，嘱大口呼吸，剧痛使我屏气并清醒，立时茅塞顿开，悟到了症结。血象飙升，表示存在剧烈炎症。当最终“胆囊炎”“胆结石”的诊断落在诊断书上时，我豁然大悟，颇有英雄相见恨晚之意。

哦，疼痛，我鞍前马后的朋友！原谅本人失礼，受你呵护多年，直至今日，在下才知你尊姓大名。我们唇齿相依，竟这么多年素不相识，你说我是不是一个糊涂病僚呢？如果那人还是一个医生，是不是自我渎职？起码也是擅离职守吧。

解痉，止痛，消炎……医生很熟练地处理着，疼痛虽剧，我则心平气和多了。兵来将挡，水来土掩，敌情既明，剩下的事就是和它做斗争了。那病痛很是骁勇，固守阵地，并无见好就收的雅量，种种措施之后，仍挥之不去。于是医生开出了“杜冷丁”。

那是一张专为剧毒药品而用的红色处方。先生拎着它取药，喃喃地对我说，你看，你前头写了《红处方》，眼下自己就得了一张。累坏了，真是报应啊。我有气无力地说，你知道……我下一部要写的书……叫什么名吗？他摇头。我说……名叫“钻石”。

“B超”片证实，我胆囊里藏的货色，不是什么无价之宝，不过两块普通结石，就是俗称牛黄、狗宝的那种玩意儿。

只是结石的体积令人惆怅。

如果更小些，可以比较容易地从胆管排出，如同小轿车通过宽畅的海底隧道。如果更大些，反正无法挤进瓶颈般的胆管，疼痛虽重，但无危险。你的这两块石头，恰好比胆管的直径大一些，很容易滑入胆道。由于它的表面像苍耳一般粗糙，会如鱼骨卡在那里，胆管阻塞，胆汁淤积，化脓，穿孔，胰腺炎，败血症……医生很自信地描述未来，好像那是他生产出的定时炸弹，派遣在我体内，质量过硬，如假包换。

我忙不迭地点头，对结石的威力和他的预见表示由衷的钦佩。但是，怎么治疗呢？这才是我最关心的问题。

有很多种方法。比如中药，激光，内窥镜，还有气功……这些方法都需要很长时间，最简便的就是手术切除胆囊，一劳永逸。医生结束了指示。

我说，让我想一想。

其后的日子，不是用脑子想，是疼痛在替我想。杜冷丁只能暂时止痛，医生说避油可减少发作。我谨遵医嘱，像兔子一样大嚼生菜，灾民一样见不到任何荤腥，唇舌皆绿。然而胆中之石是聪明而有气节的家伙，并不因小恩小惠疏忽自己的职责，它一如既往地频繁发动袭击，绝不受招安。由于多在傍晚发作，我不愿打搅他人，总心怀侥幸地隐忍，结果是到了后半夜忍无可忍，只得牵了先生夜奔医院。几番下来，已经习惯了北京夤夜的凄清。若不是冷汗如油，真可好好欣赏原本拥挤现因空旷显出陌生的夜景。

医生说，总靠打针止痛，不是长久之计。

我说，我已决定手术。

医生就是那样一种人，当你没做出某种决定前，他积极地怂恿你。一旦你做出决断，他又再三让你斟酌。我说，我不反悔。其他的方法太费时间，这一病，我知道全身的零件已接近大修年限，我要珍惜时间了。

于是入院，做一切手术前的准备工作。每日穿着无款无型的病号服，小病大养，煞是得意。那结石似乎也憷医院的精良设备，发作渐稀，我便过上了难得的太平日子。终日除了检查，就是读书，优哉游哉。

但有一日的医嘱，让我忐忑不安。要在空腹状态下吃两个油汪汪的煎鸡蛋，以完成胆囊造影。我对医生说，吃了那东西，是一定要犯病的。我不敢以身试法。

医生说，怕什么？有医院呢。只要疼痛发作，马上就给你止痛。放心好了。

于是转悲为喜。心想，好长时间没吃油炸鸡蛋了，此次开荤，可能具有一个时期的结束和另一个时期开始的重大意义。以后切了胆，吃油炸鸡蛋的可能性大大减少，那么这个鸡蛋，是本人生平最后的油炸鸡蛋也说不定。一定在医生保驾护航的关照下，细细品尝滋味。

医院厨房送来的油炸鸡蛋灿若黄菊，引人食欲大开。宝贵的第一口吃下去，我大惊失色。完全不是想象中的滋味，舌头简直抵上了一块榉木地板。我问护士小姐，用于造影的鸡蛋是否来自特殊母鸡？或者说煎蛋用的是碘油？小姐笑说，蛋是普通的蛋，油也是普通的油。

变化的是您的身体，它拒绝接受引起痛苦的食物。

呜呼，我佩服精密的机体，居然在理智已认为万无一失的情形下，坚持着本能的防备与抗拒。在一次次疼痛中，建立了雷达般的灵敏反射系统，最大限度地保护生命。

万事俱备的手术前夜，主刀医生来到病床前，问，你害怕吗？我说，不怕。也许他的经验是以往的病人口说不怕，心里还是怕的。并不在意我的回答，依旧按照假定我是胆小鬼这样一个前提，开始谈话。

他向我解说了手术的大致步骤和风险，告知这种新方法，疤痕比较小，但如果不成功，就要同时启用古老方式，我将遭受双重痛苦。我问，这种“双轨制”的概率是多少？他说，百分之一以下吧。

我很镇定地回答他，在福利彩券和历次摸奖中，即使中奖面高达百分之六十，我也是漏网之鱼。此番概率只有百分之一，外加“以下”，我相信自己没那么好的运气。如果赶上了，天意难违。

先生胆中无石，但似乎比我的病胆还弱。医生让他填写一张家属同意手术的单子，他连看三遍后，临阵脱逃。悄声对我说，那上面写得很可怕，肠粘连、肠梗阻、大出血什么的，并发症多了去了……咱们走吧。回家去吧。再试试别的办法吧。好吗？我推着他说，快去签字吧。我喜欢一刀了断。

手术的当天就像出嫁，你傻傻呆着，别人忙得手舞足蹈。干部病房的护士，外科操作比较生疏，下胃管时，折腾半天，结果管子没下到胃里，我已涕泪滂沱。我说，小姐，商量一下，我自己来下胃管怎么样？护士大惊道，我还从来没见过哪个病人敢自己下胃管的，从鼻腔进去，非常难受的事，你下得了手吗？我说，试试吧。

我虽从医多年，但从没给人下过胃管，好在只要狠心，途经自家的咽喉和食道，还是有把握的。再加上怕在护士手里受二茬罪的信念鼓舞着自己，惨淡经营，居然很顺利地把管子下到胃里，皆大欢喜。

终于躺在手术床上，无边的白色中，数数头顶的无影灯有十二盏，葵花般地普照着我，内心很是肃静。为这种镇定不好意思，马上就要开肠破肚，畏惧才是正理。当全身麻药进入体内时，意识如同风中之烛，摇曳几下，悄然而逝。脑海里最后遁去的想法是——如果这样在迷茫中远航，从此不再醒来，因为辛苦地活过，努力过，所以永远休息，未必就不幸福啊。

我一直以为手术过程是病的重头，好像一盒漫长磁带的主打歌曲。但当我在监护室吸着氧气醒来，一摸腹部的绷带，得知手术已经完成时，心中不免为少了惊心动魄的变化而稍感遗憾。好像跟踪许久的河流，你以为该出现瀑布的时候，结果是个水波不兴的小潭。

记得术前我问过医生，术后会不会很疼？医生没有正面回答，说，你既经受过反复发作的胆绞痛考验，这就不算什么了。

他说得不错，疼痛也是曾经沧海难为水。术后尽管有种种不便，但同我已经承载过的疼痛相比，不足挂齿。

不让见家人。也许这在保持环境无菌方面，有独到之处，但对病人的心境，实在说不上有利。护士说，你家里人来看过你了，我们说你很好，已从麻醉中醒来，他们就走了，给你留了一封信。

我把那封信拿过来，手轻飘飘，动作很慢，像太空人。只有一张纸，我以为那里面还不得写几句慰问的言辞，谁知全是这一两天的电话记录和来信摘要，简直像是办公室的留言簿。最主要的信息都是刊物约稿，使我全麻过后一片空白的大脑更加混沌。

几天后，坐轮椅回到普通病房，除了行走时腹肌不便外，基本如常了。聊天时我说，记得一句以前的戏文，叫作“浑身是胆雄赳赳”。如今浑身没了胆，无所谓胆大胆小，从此便不知畏惧了。

先生说，那天我候在手术室外，突然听人喊：毕淑敏的家属在吗？心中大惊，按时辰手术尚未结束，此时招呼家属，必是当中出了意外，战战兢兢地走过去。那人端出一个白盘，说，这就是摘除的胆囊。我看了一眼。心想，古话说，肝胆相照，我们真是患难与共了。

高高的白杨树

三十年前的那个春天，我是三年级小学生。新建的校园很漂亮，周围却没有一棵树。我和同学们一起到苗圃去拉树苗。苗圃的老爷爷给了我一棵最瘦弱的、没有一片绿叶的白杨树。“我不要这棵树。”我说，“老师说，这次美化校园，谁种的树就把谁的名字写在小木牌上，挂在树枝上，比一比谁种的树长得茂盛。”“可它并没有死……”老爷爷叹了口气看着我。我只好扛起这棵树苗。从苗圃到学校很远。老爷爷在每棵树苗的根部都包了一个土坨，再用草席和绳子仔细捆好。有的同学扛累了，就从肩上放下树苗拖着走，树根上的土从草席的缝隙漏出来，马路上留下了一行行土黄色的痕迹。我的树苗包裹的土坨最大，尽管扛得也很累，可我始终没有把它从肩上放下来。我的树苗最小，可我给它挖了一个很大的树坑，让它自由自在地扎下根。

一个月过去了，我种的树依然最矮小，但是它活了，长出像眼镜片那样发亮的小叶子。当我走近它的时候，它仿佛向我招手。那个把树苗在地上拖得最远的男孩子哭了。他的小树像一根孤零零的旗杆插在土里，无论他浇多少水，小树还是不吐芽。我常常为我的小杨树浇水，盼它快快长大。可是，悬在枝条上的小木牌，总是在齐我眼眉的地方摆动，一点也不升高。“六一”篝火晚会，大家玩得好开心。散会时已是深夜了，老师看我一个人留在空旷的操场上，很奇怪，问我是不是丢了什么东西。

“不，我只是想把篝火燃尽的草木灰施到我的小树下。”我答道。

后来，我的小树终于和许多同学的小树一样茁壮，它繁茂的枝叶随风摇曳着，好像在唱着快乐的歌。

这是我在小学的最后一个春天了。我种的小树已经长得很高，把写有我名字的小木牌调皮地举到半空，我跳起来也够不着了。在春天的晚霞中，它的叶片一动也不动，仿佛知道我们不久就要分别。“我会常常来看你的。”我对它说。我必须记住小树的位置。感谢我刚看过的一本课外书，它告诉我，在野外识别标志物，就要寻找比较固定的坐标。

傍晚，灿烂的晚霞在西方天际燃烧着，远山如同一幅黛青色的剪影。我的小杨树正对着一座像鹰嘴一样突兀的山脊，侧面与我们的教学楼平行。

再见了，我的小白杨！

很久之后，我才知道那座高耸的山脊，是燕山山脉的主峰。

再以后，我到过更为高耸的昆仑山，也到过中国最为低凹的吐鲁番盆地。我经历了许许多多的风雨，但在我心中最宁静的地方，栽种着一棵小白杨。

终于在一个春天的傍晚，我回到了母校。在教学楼与像鹰嘴一样突兀的山脊沿线的交界点上，我看到了一棵巨大而繁茂的杨树。它无数片绿叶在飘动着，浓密的树荫遮蔽了几乎半个操场。

这就是我那棵瘦弱的小白杨吗？我抚摸着粗糙的树身，想让它给我一个回答。

白杨树的绿叶相互击打着，好像在轻轻拍着手掌。

“阿姨，您是谁的妈妈呀？”几个在杨树下跳皮筋的女孩子走过来问我。我真想告诉她们，这棵巨大的白杨树，是我亲手种下的。

但我终于什么也没有说。

讲给松树的故事

暑假从交上最后一科的卷子就开始了。小时候，我学习成绩不错，从来不为考试的结果担忧。性格也大大咧咧，只要卷子一答完，就对自己说，现在再怎么努力也没用了，万事皆休（那时还不会用这个词，但破罐破摔的意思是一样的）。干脆，玩去吧。

玩过几天之后，就正式进入暑假的旅程了。标志就是厚厚的一沓暑假作业发了下来，都标好了日期，比如7月18日完成哪些题目，8月18日又要完成哪些题目。我看着那些数字，总要生出一丝惆怅。因为我觉得那是很遥远的时光，现在就被规定出来了，到那一天，我还会活着吗？如果我已经死了，那谁来完成这些题目呢？我这种对于死亡的畏惧，真是与生俱来。

老师教导我们：千万不要把暑期作业攒到一块

儿做，要按部就班循序渐进，在整个暑假期间始终保持着和课本的亲密接触，新学期的时候，才不会对功课有恍如隔世之感。

我知道老师说的是真理，但囿于我对死亡的畏惧，我会在这个问题上大大地忤逆老师。别的同学也有把作业攒到一块儿做的习惯，不过他们都是在整个暑假疯玩，到了临近开学的那几天，才昏天黑地地埋头赶作业。我和他们不一样，会在暑假刚一开始，就谢绝所有的活动，一门心思完成作业。无论天气如何炎热，无论同学们邀我玩耍的建议多么诱人，我都会坚定不移地一鼓作气地把所有的作业都工工整整地完成。直到8月31日的最后一道题画上句号，一颗悬着的心才会安然放下。

暑假里，我会怀念我的课本，发自内心地想念它们，隔几天就会去探望它们一下。如果因为不再考试了，就不理睬它们，那是一种势利眼。直到升入新的年级，有了新的课本，我才会渐渐喜新厌旧，放下以前的课本。

小学六年级的那个暑假，很多同学都不做暑假作业了，大玩特玩。因为升入了不同的中学，中学老师不知道各个小学的暑假作业具体是怎样要求的，就有了打马虎眼蒙混过关的可能性。我还是规规矩矩地完成了作业，大家都说我傻，但我自己知道，这是我一贯的做法，只图自己安心，和别人倒是没有太大的关系。况且，我不以完成作业为苦，只当一次别致的游戏。

那个暑假还有一个小插曲，令我久久嘲笑自己。我考上了北京外国语学院附属学校，这在当年是很惹人羡慕的事情。学校发来的录取通知书上，在所有的注意事项之外有一条：新生入学有联欢活动，要求大家每人准备一个节目。

这很让我为难。在新学校里，我不认识任何人，只能演独角戏。世上一个人可以演的节目，实在是有限的。我不敢当众唱歌，独唱这条路是走不通了。我试着考虑演个单口相声，找了好几个段子练习了一番，然后讲给别人听。我眉飞色舞满头大汗地讲完了，听的人腮帮子一动不动，完全没有笑的模样，我知道此路不通了。也尝试着变个戏法或是小魔术什么的，但我基本上是个笨手笨脚的女生，这类需要眼波流转声东击西的手段，无论我怎么勤学苦练，总是被人在第一时间识破，惹来一阵嬉笑。我不愿意在新的同学和老师面前出丑，只好作罢。甚至还想到了舞蹈或是艺术体操，但这个念头出现的第一刹那，就被我自己枪毙了。我身高体壮，韧带僵直，弯腰的时候，手指拼命向下挖，都碰不到脚尖，这等板硬的体格哪能在众人面前翩翩起舞？

百般无奈，终于想到了讲故事。我常常给同学们讲故事，大家都很爱听。既然我别无所长，只有用故事勉强凑数了。主意定下之后，我就去找合适的故事。我以一个少年人的狡猾想到，怎样才能吸引人呢？当然是充满了悬念让人欲罢不能的抓特务的故事。寻来觅去，我选定了苏联卫国战争时代一个间谍案。记得初看这个故事的时候，我废寝忘食，半夜三更还不肯睡。想必勾我魂魄之事，也会打动新同学们。原文是小说，为把它改造得朗朗上口，着实下了一番功夫。本子基本成形之后，就进入实战演练了。我先把它背诵下来，然后再绘声绘色地表演出来。紧张准备了半个月，进入彩排阶段。我钻进僻静的小树林，面对一排小松树，开始讲起我的故事。树林里寂静极了，只有我颤颤抖抖的声音在松针的缝隙穿行。也许是那故事本身所具有的魅力，讲着讲着，我就忘却了紧张，进入情境。小松树是极好的听众，不精彩的地方，它们一动也不动，专心听讲。讲到妙处，它们就会随着风轻轻摇摆枝叶，好像在鼓掌。

经过几次演练，我已掌握了节奏，何时缓急谙熟于心，自信能牵引着听众的情绪跋山涉水走到结尾。但是，直到这一刻，我才发现了一个极为惨痛的问题——整个故事长度为四十五分钟！我狠狠地敲着自己的脑壳，叫着自己的名字，说，毕淑敏，你真是太傻了！你怎能一人占掉四十五分钟，最多只能用五分钟。

怎么办呢？我陷入深深的踌躇之中。跌宕起伏的情节，众多人物的命运，哪能压缩到五分钟之内呢？我茫然不知所措，在树林里枯坐着，欲哭无泪。

后来，我终于决定，保持故事的完整性，到了会场再见机行事。轮到我演节目，先给老师和同学们打个招呼，说这个故事比较长，看看让不让我演。如果大家有兴趣听，我就讲下去，如果嫌太长，我就谢幕下台。

想过之后，心境稍安。报到那一天，我特地穿了一套黑衣服到学校去。我觉得一个讲侦探故事的人，穿黑衣服比较有神秘感。结果是，所有同学都做了充分准备，歌曲一唱三四支，舞蹈一跳好几个，几十位同学表演下来，耗时甚多，最后老师不得不站出来疲倦地说，想不到同学们如此多才多艺，天色已晚，今天就到这里吧，没轮到的同学，以后再找机会施展你们的才能吧。

很多人原准备一展宏图，不想却被剥夺了机会，悻悻不已。我坐在没轮上演节目的人群中，充满窃喜。计算起来，为了准备这个故事，大约花了一百个小时，此刻付诸东流，却很庆幸。反正布置的暑假作业，已不折不扣地完成了，我心安然。

有时想起这世界上唯一听到过我讲侦探故事全本的小松树，该早已成林。如若有知，它们中的一两株也许能成为森林中的“福尔摩斯”吧？

第二十九枚元素

我的大学时代，是在“文革”当中度过的。工农兵学员，一个被历史雪藏的名词。

那时，我在西藏阿里军分区卫生科当卫生员。海拔五千多米的高原，我们五个女孩是第一批女兵。1972年的一天，领导通知我说，速去乌鲁木齐报到，新疆军区军医学校在若干年停顿之后，今年第一次招生。只分给了阿里军分区一个名额，首长们经过讨论，决定让你去。本来，是要送你上军医大学的。但是，去年（1971年），林彪自我爆炸，他在总后勤部的死党，曾在各个军医大学为他的儿子挑选妃子，那里都是重灾区。到今天清查还没搞完，不知道今年军医大学还有没有招生的可能了。十鸟在林，不如一鸟在手。如果让你死等着军医大的名额，怕太悬。所以，不如先到新疆军医学校去学吧。

按说，我听到这个消息，该喜出望外才对。且不说我能回到平地，吸足充分的氧气，让自己被紫外线晒成棕褐色的脸庞，得到休养生息。就是从学习的角度讲，在重男轻女的部队，能够把这样一个宝贵的名额分到我头上，也是天大的恩惠了。但是，记忆中，我似乎真是无动于衷的。也许是雪山缺氧，把我的大脑纤维冻得迟钝了，淡漠了高兴也淡漠了庆贺。我很平静地听完了这个指示，然后收拾起自己简单的行李，从雪山走下来，奔赴乌鲁木齐。

自从我1969年从北京到西藏当兵，那种中心和边陲的、文明和旷野的、优裕和茹毛饮血的、高地和凹地的、温暖和酷寒的、五颜六色和纯白的……一系列剧烈反差，已在我的心底搅起了沧海桑田的变化。面临死亡咫尺之遥，面壁冰雪整整三年，我再也不是当初那个天真烂漫的城市女孩，内心已变得如同喜马拉雅万古不化的寒冰般苍老。我不会为了什么事件的突发和变革的急剧而大喜大悲，只会淡然承受。况且，在心底深处，我知道自己是优秀和努力的。我认定有一天，天道酬勤，我该有一个机会。现在，这个机会不过是如约而至，还没有我想象中的那般完美，怎会欣喜若狂？

不过，我也并非修炼到波澜不惊的境界。

久居高原，对平原已很陌生。当汽车从高原俯冲而下，汹涌的绿色惊涛骇浪地扑面而来的时候，顿生出惊骇的恐惧。在阿里，除了冰峰就是雪原，冰冷的银色世界，连眼光都被冻得单调和脆硬了。长达数年的日子里，几乎完全和绿色隔绝。当你的生命和一种人类与生俱来的颜色相阻断，那是怎样让人无法接受的空白啊！当你无助地绝望地被迫地忍受了它，甚至在痛苦的分离之后，决然地将它彻底忘怀，否定了它的存在之后，突然在某一个清晨，它裹着辣透咽喉的饱满空气，一下子扑入你的眼帘。厚而浓烈的绿浪，呛得你连睫毛都滴下绿来，那种令人窒息的震慑，那种荒疏了的陌生和熟稔，那种痛彻肺腑的激荡，让我失声痛哭。

到学校报到后，得知将举行一场入学考试。校方一再解释，同学们都是各部队选送来的出色人才，并不是借此想查出谁不合格，好把人退回去。学校绝无此意。因为中断教学多年，教员们对同学们的水平不摸底，不知道怎样才能让大家学得更好，故设计了这样一场入学考试。不论成绩如何，都与入学资格无干。

话虽这样说，大家还是很紧张。彼此都是各部队来的，谁也不认识谁。大眼瞪小眼的，估计就是想作弊，也弄不清哪个基础好些哪个不好。也不晓得从哪方面复习，一时间，很有黑云压城的惶恐。

也许因为在阿里山上寂寞惯了，我很少同人搭话。并不是喜好孤独，只是习惯使然。进入考场，在指定的座位坐下。见我的同桌是一位男生，憨厚样子。

第一轮是考语文。好像有些语法的题目，重点是一篇命题作文。我在京读书时，是外国语学院附属学校的学生，文科乃长项。我看了看题目，略作思考。按要求需感怀时政，范围很宽，也没有字数的限制。我想，既然是摸底考试，校方无非是想知道大家的文字水平。既然如此，我只需通畅达意即可。想定，提笔写下一篇几百字的短文。

毕竟是考试，心绪紧张。唰唰挥笔的时候，顾不上看我的同桌一眼。待我写完了，才向他的桌上扫去。不是想作弊，只是想看看他写了多少。不看不要紧，一看，吓我一大跳。啊呀呀！厚厚一沓纸，起码两千字以上。该男生还意犹未尽地甩着胳膊，一副大干快上的模样。

我呆呆地坐着。因为规定统一收卷，即使答完了，也不得提前退场。百无聊赖，看周围的同学，都是洋洋洒洒数千言的架势，庄重得仿佛在撰中央两报一刊社论。我不禁惶然，自己是否太大意轻敌？但木已成舟，我不可能重写。况且，我是个散淡的人，心想，这文章，就算差，也在及格水准之上吧？行了。

到了交卷时间，绝大部分同学都未结稿。教员抢卷，不肯宽宥。于是，同桌愤然而忧戚地说，精彩部分还没写到呢，完了！

接下来是考数理化，三科合在一张卷子上。别的题目已然淡忘，但有一题，记忆犹新——要求写出三十个化学元素符号和对应的汉字称呼。

题出得真绝。你若是有化学基础，此乃小菜一碟，实不足挂齿。如果你没有学过，那真是叫天天不应，叫地地不灵。哪怕给你一本化学书，现抄也不知如何下手。

我是初中六八届的毕业生，也就是说，“文化大革命”开始的时候，我正在上初中一年级，按理说是没有学过化学的。但因我们学校教学进度很快，为了保证学生们在高中阶段能有更充沛的精力学习外语，就把一些课程提前教授了。再者我在阿里时做过化验员，常配化学试剂，就自学了医用化学。虽不系统，但这种题目难不住我。

K—钾，Na—钠，Cl—氯，Ca—钙，S—硫，C—碳，O—氧，N—氮……一路写下来，我很快答完了。

看同桌，冥思苦想，钢笔头几乎被他咬得掉下渣来。一眼瞟过，我见他已写了几排符号，不时地停下来，数。左数右数上数下数……看来已经写出了大部分。但尚未凑够三十之数，因此焦灼不已。

快！告我几个元素！趁教员的视线向其他方向飘荡的时候，他悄声对我说。

天啊！我虽然很想帮他，但我从小到大，从未在考场作过弊，毫无经验。根本不知如何帮起。

别急，再想。我对他说。

不行，就知道这几个，都写上了。再也想不出了，你得帮。语文已经铁定不及格了。要是这门再不及格，就会被退回去……他低着头，目不斜视，绝不看我，好像很认真地在审查自己的卷子，嘴唇却急速抖着，清晰地用密音传达着他的意思。

也许是因为坐得很近，我深深地感受到他此刻的煎熬和恐惧。是啊，虽然校方说此次考试的成绩和退学与否没有关系，但是谁能保证呢？倘若真被退回，该是怎样的尴尬和悲伤！

我不敢再想下去了，赶紧用手指在课桌面上画了一个“O”，然后也用气声说，氧……

他怔怔地，居然完全没有反应。

他没想到我这么爽快地就开始帮他，没看清我刚开始的笔画，傻愣着，我急了，连声说，氧氧氧……

前排的同学很在意地回了一下头，惊奇地看着我。我猜他听到了我的声音，以为我被蚊子猛叮了一口或是犯了荨麻疹，在说“痒痒痒”。

半天，也许是一个世纪。倒霉的同桌才缓过劲来，说，这个，会。写了。

咳！轮到我垂头丧气了，痛责自己。谁不知道氧呢？你可真笨！

此刻，我已发现要实施援助的高难度了。我们不可能完整地看到对方的卷子。即使我费尽心机地传达了一个元素符号，保不准他早已写下了。无效，且冒着被发现后同归于尽的危险。

然而没有更好的办法。时间流逝，距离交卷越来越近。我只有采取广种薄收的办法，助他夺路而走。

他的元素数目，在危险和艰难之中缓慢顽强地攀升着。当他写下第二十九枚元素的时候，我简直已经被无穷的惊吓和这种苦难的援手，耗尽了心血。我想，还不如干脆被教员当堂抓住好了，也强似这般心惊肉跳的折磨。但同桌“嗷嗷待哺”的目光，让我无法退却。

不想，这最后一个符号，硬是千呼万唤写不出。每当我绞尽脑汁地密告同桌一个元素的时候，他总是飞快地示意，有了……

只得重来。

在整个作弊的过程当中，我不断低语和比画，动作频繁幅度显著。

然同桌一个否定的眼神，我便前功尽弃，只得重开操练……纵使危险我已置之度外，但无功而返的失望和沮丧屡屡打击我。

我几乎再也想不出可以向他提供的元素了。我的化学基础本是三脚猫，高度紧张之下，记忆枯竭。

反正，二十九了。差一，有什么？教员以为，数错了，你漏写。得，就这样吧。我垂头丧气把脸对着过道，不看他。预备“金盆洗手”了。

别。无论如何，再告一个。一或二十九，一样！没用。求！他很痛苦地说。

为什么？我吃惊。一个和二十九个，怎能一样？

写满，三十个。老师知你学过，相信。还能再……三十个。不到数，半路出家，基础差。淘汰，靶子，先剔你……同桌很绝望地说。

我惊愕极了。

时至今日，我首先怀疑当初在考场上，能说那么多的话吗？纪律森严啊。回忆的结果是，以上所录，是准确的。也许当初具体吐出的词句，没有如此详密，但辅以眼神的交换，就表达了繁多的信息流量。特殊情境下，人可通灵啊。

我的同桌执意不肯停留在二十九枚元素符号的记录上。我看到他痛彻心扉的苦恼和孤注一掷的决绝。

我不知道怎么帮他。也许只剩下一个法子，就是把我的卷子铺在他面前，由他抄去。

即使我敢，他敢吗？

铃声响了，教员们已经开始掠卷。我心中突然如黑夜的霹雳激闪了一下。我毅然决然地竖起手指，狠狠戳向教室的天花板。然后，把嘴唇嘟成一个女高音歌唱家的样子，做公鸡打鸣状。

我的同桌愕然地看着我。顺着我的手指看了看天花板。一挂日光灯，中央亮两端暗地悬在半空。他确知我的行为是有深远意义的，但是他破解不出。

我奋不顾身地重复着我的动作——指天，嘟嘴，呜呜吹气……正在收卷子的老师，讶然地看着我，以为我受了什么刺激，大喜过望或是悲痛欲绝？也许打算讲出什么惊世骇俗的话来？

我只一味坚持姿势。

在教员就要收到同桌的卷子前的一刹那，他在纸上写下了第三十枚化学元素符号——W—钨。

看着他写完，我一屁股瘫在椅子上，殚精竭虑。我叹服同桌的出类拔萃。我的意思是：房顶上有一个灯泡，灯丝是钨做的。在那种慌乱紧骤的气氛之下，他能从日光灯推延到白炽灯，鬼使神差地破译了我的密码，不服行吗?!

校方讲评考试成绩的时候，说，同学们水平不差。有的作文写得很好，记者来采访，说要把我们的一份卷子拿到报上去登。

后来我才知道，那篇卷子，是我的短文。

我和我的同桌，经过了那样忧患与共的时刻，在以后的学习过程中，反倒很是疏远，从未有过深交，且再也不曾提起过这段考场双簧。可能他不希望回忆这段紧张的煎熬吧。在我，也有不堪回首的感觉。那是我生平第一次协助他人作弊，良心与精力所受的折磨，都使我后怕久久。

入学后，分班。从基础课讲起，用的是第二军医大学的教材，教员由本校和新疆军区总医院临床各科的主任或是新疆医学院的教授担任。课业繁重。

记得有一次，考临床病例的诊断和分析，并要学员提出相应的治疗方案。那是一个不很复杂的病案，大致的病情是由病毒引起的重度上呼吸道感染，病人发烧流涕咳嗽，血象低，还有一些阳性体征。在提出方案的时候，我除了常规的治疗以外，加用了抗生素。

讲评的时候，执教的老先生说，凡是在治疗方案里使用了抗生素的同学，都要扣分。因为这是一个病毒感染的病例，抗生素是无效的。如果你使用了，一是浪费；二是造成抗药；三是无指征；四是表明了不自信；五是……

老先生发了一通火，走了。后来，我找到负责教务的老师，讲了课上的情况，对他说，我就是在方案中用了抗生素的学员，我以为那位老先生的讲评有不完全的地方。我冤枉。

老师说，讲评人，是最著名的内科主任，30年代东京帝大医科毕业，在国民党的军队里做到很高的医官。能把该老先生请来给你们讲课，校方冒了很大风险。他是权威。他讲得很有道理。你有什么不服的呢？

我说，我知道老先生很棒。但是，具体问题要具体分析，他提出的这一个病例，并没有说出就诊人所在的地理位置。比如要是在我的部队，海拔五千米以上的高原，出现了高烧等一系列的症状，明知是病毒感染，我也要大剂量使用抗生素。未雨绸缪啊。高原气候恶劣，病员的抵抗力大幅度下降，很可能合并细菌感染。如果到了临床上出现明确的感染症状时，才开始使用抗生素的话，那就晚了，来不及了，生命受到严重威胁……

教务老师沉默不语。最后，他说，我可以把你的意见，转告给老先生。但是，你的分数不能改。

我说，分数并不重要。您听我讲完了话，我已知足。

一天，教室的门开了，闪进校工，先搬进来一把木椅子，摆在讲案旁，且侧放。我们知道，老先生要来了。也许是因为年事已高，也许是习惯，总之，老先生讲课的时候，是坐着。而且，他要侧坐，面孔永远也不面向学生，只是对着有门的墙壁或是有窗的墙壁。不知道他这是积习，还是不屑于面对我们，或是有什么难言之隐？

这一次，先生反常地站着，满头白发，面容黧黑如铁。身板挺直如笔管，让我笃信了他曾是国民党医官一说。目光如锥，直视大家。音量不大，但在江南口音中运了力道，话语中就有种锋利的硬度了。

他说，听说有人对我的讲评有意见，好像是一个叫毕淑敏的同学。这位同学，你能不能站起来，让我这个当老师的，也认识你一下？

老先生上课的时候，从来不提问学生，课下从不与学生交谈。他说不知道我是谁，是很符合事实的。他要我站起来，我只有站起来。他很注意地看了我一眼，说，好，毕淑敏，我认识你了，你可以坐下了。

说实话，那几秒钟，真把我吓坏了。不过，有什么办法呢？说出的话就像注射到肌肉里的药水一样，你是没有办法抠出来的。

全班寂静无声。

老先生说，毕淑敏，谢谢你。你是一个好学生，你讲得很好。你的话里，有一部分不是从我这儿学到的，因为我还没有来得及教给你那么多。是的，一个好的医生，一定不能书本，一定不能教条，要根据具体的情况，决定你的治疗方案。在这一点上，你们要记住，无论多么好的老师，也不可能把所有的规则都教给你们。我没有去过毕淑敏所在的那个海拔五千多米高的阿里，但是，我知道缺氧对人的影响。在那种情况下，她主张使用抗生素是完全正确的。我要把她的分数改过来……

我听到教室里响起一阵轻微的欢呼。因为写了抗生素治疗的不仅我一个，很多同学为这一改而欢欣。

老先生紧接着说，但全班，我只改毕淑敏一个人的分数。你们有人和她写的一样，还是要被扣分。因为你们没有说出她那一番道理，你们是只知其然不知其所以然。你现在再找我说，也不管事了。你叫冤枉，也不行。因为即使你原来想到了，但你对一个上级医生的错误，并没敢指出来。对一个年轻的医生来说，忠实于病情和病人，比忠于你的导师要重要得多。必要的时候，你宁要得罪你的上司，也不能得罪了你的病人……

一席话，掷地有声。事过这么多年，我仍旧能够清晰地记得老先生平静如水的目光和舒缓但是铿锵的语调。平心而论，他出的那道题目，要求给出在常规情形下的治疗方案，而我却从一个特殊的地理环境出发，苛求于他。对于一个初出茅庐的年轻人的不全面的异议，他表现了虚怀若谷的气量和一个真正的医生的磊落品格。

真的，那个分数对我来说，完全不重要了。重要的是我在此番高屋建瓴的话语中，悟察到了一个优等医生的拳拳之心。

我甚至有时想，班上同学该很感激我的挑战才对。因为没过多长时间，老先生就因为身体的关系，不再给我们讲课了。如果不是我无意中创造的这个机会，我和同学们的人生，就会残缺一段非常凝重宝贵的教诲。

轮到我们学习中医课程的时候，教员是从地方医学院校请来的女教授。她毕业于北京中医学院，和夫君一道远赴边陲，医名大盛。据说原本是请她的丈夫为我们授课，但那位先生说，部队的学生，并不会有多少应用中医的机会，他们也不一定会努力学。我不想浪费时间。坚辞之后，夫人出马。

我学中医，觉得好玩。尤其佩服中医的理论，好像一个不倒翁，总是有理。无论病情发生了怎样云谲波诡的变化，它必能端出一套套的解释。即便人死了，它也巍然立于不败之地。我对中医的这种语言风格，煞是感兴趣，觉得有一种超然的智慧和高妙的雅趣在里面，还掺杂着一点点狡猾和逃遁之术。推敲援用，如果得当，自己也会沉浸其中，像一个杰出的推理游戏。

这种思想当然不敢和老师探讨，但我以这种心态完成的作业，广征博引中医典籍，受到了老师的夸赞。她将我的作业片子带回家，让自己的先生看，以证明部队的学生也是可以学好中医的。潜意识里可能也有——哈！我教的学生不错吧？——表现欲存在着。

据指导员说，有一次，女教授问他，这个毕淑敏，祖上是不是有人做过中医啊？

指导员答，没有。她是军人家庭出身，和中医无关。并反问，你问这个干什么呢？

女教授说，我把作业给我丈夫看，他说，单凭你这段不长时间的传授，是教不出毕淑敏这样的学生的。该生一定有幼功，有祖传。即使她的父母不是中医，你可断定她的祖父外祖父也都不是杏林中人吗？

指导员把话说到此，停了下来。看着我。我说，您要我说什么呢？

指导员说，你姥姥姥爷、爷爷奶奶，有没有做中医的呢？

我说，真没有，一个也没有。

他说，好吧。这就成了。我会给女教授一个回复。有问必答，这关系到军民关系问题。

一天下午，我正在和同学们一道打扫卫生，指导员找我。我满面尘灰气喘吁吁地跑到办公室，看到女教授和一位身穿便装的中年男子等在那里。指导员说，这是教授的丈夫，今天专程来看你的。我一时很尴尬，觉得自己衣着肮脏狼狈不堪，再加上有点被人验明正身的意思，兴致索然。

那天教授夫妇同我说了些什么，已全然忘记。大概还是些爷奶干什么之类的话吧？我本来见到生人就无话，情绪萎靡的时候，更木讷少言。后来指导员告知我说，那天见面之后，男教授说，这个毕淑敏，却与我想象的不一样。看起来并不像她的文章那般灵气四射，也许内秀吧？

我很想对这位先生说，这个毕淑敏啊，外不秀，内里其实也不秀。只不过是她觉得中医的古文有趣，在那里做文字游戏罢了。

部队的医疗学习，把外科看得重于泰山。野战外科，是军医的天职。总不能什么都不会，就到活人身上白刀子进红刀子出吧？先要在动物身上练手。每五六人结成一小组，分得试验犬一只。在它身上，依次做肠切除和肠吻合等手术。

狗是从乡下收购来的，体形大小差异很大。大狗立起来比人还高，小狗简直和狐狸差不多。大家都憋着劲想为自己的小组分得一只大狗。或许觉得，狗大身体好，经折腾，即便手艺差点儿，它也能扛过去。要是太弱小的狗，没准就死在手术台上了。

领导采取了最原始的分狗办法——抓阄。我们组长的手真臭，把一只最小的狗给抓来了。

给狗做手术，需用全麻。狗要是麻醉得不够好，会在手术台上狂吠，一不留神，能搂着带血的肠子跑下来。

毕淑敏，麻醉的任务最艰巨，你来做全组的麻醉师吧，一麻到底，不换人。组长说。

我说，这不是欺负人吗？为什么不能大家轮流着干？再说啦，老师也是这么要求的。每个人都要当一回麻醉师。

组长说，你看咱们这只孬狗，折腾得起吗？走马灯似的换麻醉师，人人不摸底，麻醉剂量掌握不准，万一过了，它的小命立马玩完！

我犹豫着，组长说，毕淑敏还端架子呢，同志们，来咱们一块求她！

组内只有我一个女生，看到众位男生眼巴巴的神情，我说，我认倒霉就是了。我来做全组的麻醉师。

在手术开始前的日子里，我每天都去看这只狗——也就是我们未来的病人。它很瘦小，只有30斤重。我之所以如此清晰地记得它的体重，是因为麻醉的剂量和体重成正比例关系。看看我们旁边那个组的狗吧，整整有70斤重，简直是狗里的“巨无霸”。

那个组的同学给他们的狗起名——黑子，这真是一个俗不可耐的名字，我想它在狗的世界里一定成千上万，主人一看到浑身漆黑的狗，就这样随便地命名，一如人类当中的“阿福”和“招娣”，太漫不经心了。我一直没给我们组的狗起名字，有一种恐惧潜伏在我的心中。也许，由于我的麻醉不成功，它很快就丧失了生命。那样的话，还是没有名字的好，仿佛一个刚出生的还没来得及起名字就夭折了的婴儿，人的痛苦会相应少些吧？

因为我们的狗在我的坚持下无名无姓，所以，我们就称它为“30”好了。

狗是没有资格进入人的手术间的，我们把一间大教室消了毒，改造成手术室。正式开始手术的那天，30好像有预感，说什么也不肯进那间充满了奇异药味的教室。黑子也是一样，狂吠不止。尽管在前些日子的交往中，我们和它们建立了良好的关系，但是在生死关头，它们的第六感异常准确。

黑子的主人把黑子强行绑在手术台上了，然后，他们那一组的麻醉师飞快地把乙醚洒向它的口鼻。有什么生物能在分子水平上对付化学药品呢？没有。生龙活虎的黑子很快就瘫软成一团，人事不知了。不，正确地讲，是狗事不知了。

这边，我们组的人，对我的延宕露出不以为然的神色。要知道，从现在开始，分分秒秒都是大家学习的时间，预备手术的同学摩拳擦掌，磨刀霍霍了。

我原准备对“30”采取怀柔政策，让它自己主动地躺在手术台上，我觉得这样即使手术的过程中出了意外，它也是自愿选择的。很快我发现自己真是一厢情愿。没有一只聪明的动物会在危险袭来的时候，乖乖听人摆布。于是，我虽是百般不忍，也只得由着组里彪悍的男生，把小小的“30”捆绑在手术台上了。

然后是扣上麻醉口罩，把麻药喷洒下去。因为没有专门为狗定制的口罩，麻醉过程中密闭不严。也就是说，有一部分麻药会遗漏在外面，被麻醉师吸入肺腑。

当我判断“30”进入到适宜手术的麻醉深度后，示意手术可以开始了。同学挥刀上台，把“30”的腹腔打开，把它的肠子掏出来，用肠钳夹好，然后做肠切除的手术。一个人做完了，把“30”的肠子缝合完整，就下台了。另一个人上来，把刚缝好的肠子再切除一段，然后再缝好……这个过程漫长而残忍，尤其是没有办法为狗输血。若是碰到手脚不利落的同学主刀，止血缓慢，“30”的血液就大量流失。我很着急，因为无论狗出多少血，都只能用生理盐水和葡萄糖液补充。这样，如果不能快捷地完成手术，不要说别的，单是一个失血，就要置“30”于死地了。

突然，从一旁的手术台上传来一阵骚动，原来是邻居的那个组，因为麻醉剂过量，黑子死在台上了。正做了一半手术的同学，灰溜溜地摘下手套，洗净手上的狗血，他们提前下课了。

在这种情形下，我只有高度的警觉和小心，全心全意关照“30”。我敢说，在我数十年的生命中，这个世界上，还没有任何一个物体，能让我在长达九小时的时间内，如此全神贯注地凝视不止。

那天手术结束后，我只觉得腾云驾雾一般，进入了虚幻的世界。

不单是因为精神高度紧张，更因为我吸入了大量的麻醉剂。说句玩笑话，那天若是紧接着给我做肠切除手术，便不用麻醉了。我已经进入了麻醉状态。

很多小组的狗死了。没有死的狗，成了我们的亲人。我们把“30”的腹部包扎得如同一个粽子，因为狗听不懂人话，你让它不要搔扒伤口，它绝不会克制，只有靠捆扎和不停地照料。记得我们把消炎的药粉裹在浸满了肉汤的馒头里，喂给“30”；半夜里下起大雨，我们从床上一跃而起，跑到犬房照看狗伤员，以防它被惊雷吓得跑跳，挣断了缝线……

我们的“30”恢复得很好。也许是由于在麻醉的所有时间它蒙眬的狗眼中，看到的始终是我的形象，也许是因为我抚摸它的次数最多，当它伤口复原可以奔跑的时候，对我格外依恋。每当我走过，它都摇着尾巴，亲热地凑过来，衔起我的解放鞋带……

一个严重的问题袭来了。因为手术狗已经过了恢复期，完成了外科实习的价值，这批狗就没有保存的意义了，因此不再有狗粮的供应，也没有专门的狗舍安置它们。也就是说，狗成为非法居民了。

我找到校方，说，那么这些狗怎么办呢？它们是功臣啊。将来有一天，我们同学中有谁成了著名的外科医生，会记起自己最先的刀口，是在一只狗身上完成的……哪能这般卸磨杀驴，不管狗了呢？

校方说，我们会找一些人来把狗带走。总不能营区天天跑着一些狗，又不是马戏团。

过了几天，带狗的人来了。我问，你们要把这些狗，带到哪里去呢？那人回答说，带它们到汤锅里去。

我这才知道，原来等待这些功勋之狗的是死亡。我赶快把捆绑的“30”解开，对它说，你快跑吧。

“30”很听话，一溜烟地跑了。那个带狗的人说，你怎么把那狗放了？

我说，那条狗是不能吃的。

他说，为什么呢？

我说，它被施手术的时候，麻药用多了，谁吃了它的肉，也会迷糊的。

那个人好像有点医疗常识，说，不能吧？麻药过一段时间，就挥发没有了。

我恶狠狠地说，那是在人身上，麻药能挥发掉。你要是打算吃一个挨过手术的人，一点没问题。要是吃狗，就不成。狗的代谢和人是不同的。

那人蒙然地看着我，什么也没说。带着别的狗走了。

“30”就这样保住了一条命。后来，每当它跑来找我们的时候，我们都飞快地把它轰走，生怕被哪位领导发现了，把它捉去。“30”很聪明，后来，它看到我们，只是远远地摇摇尾巴，再也不靠近我们了。

夏天的夜晚，我坐在高高的木料堆上，凑在路灯下看书。突然，有一团毛茸茸的东西，伏在了我的脚边。我一看，是“30”。它很机警地无声地在我的身边趴一会儿，就无声地跑远了。

我想，“30”是应该恨我的。是我协助他人，把它的肠子剪得短短的，如今，它在外面自己找食，好比一个重残之人自食其力，艰辛一定比别的野狗要多得多……

1975年，我以优异的成绩结束了军医学校的学习，重回阿里，成为阿里军分区第一位女军医。记得到干部科报到的那一天，干部科长翻着表格说道，我们是有一位送到军区学习的名叫毕淑敏的同志，不过，在这张表上，是男性啊。女兵因为不适应阿里高原的险恶气候，都转走了。

我说，你该批评你的科员。他们因为粗心，把毕淑敏的性别都抄错了。我是阿里军分区留下的唯一女兵。

背着药包上学堂

天下雨。水珠的“项链”无休止地敲打着窗户，比平日更早地醒了。

从家里到鲁迅文学院，要坐两个小时的公共汽车。两年研究生读下来，往返路程加在一起，抵得上一次长征了。

躺在床上，真希望天永远不要亮。

天没亮，人却要走了。

到处黑洞洞的，便有半夜鸡叫的感觉。

公共汽车牌下孤零零地站着一个人，那是我。整个城市还在睡梦之中。

远远有橘黄色的灯光透迤而来，渐次将周围晕染得一团光明。

车来了，为我一个人停下，我心中便充满了温馨和感激。在这风风雨雨的绝早的黎明，几个素不相识的人为了你而忙碌。在他们也许是应该，在我，却有一种对人类之间精巧分工的敬意。

我无法在车上背单词或是记概念。大都市的乘车，是一项重体力劳动。扭头去看大街，城市每天都是新的。雨伞像蘑菇似的滋生在亮晶晶的柏油路面上，骑车人雨衣飘荡，像鸥鸟飞翔。

路走了一半，雨停了。到了换车的地方，风冷冷地像谣言似的自背后袭来。该吃点东西御寒了。

路旁有个女人在卖煎饼。读书这两年来，眼见得她手上的金戒指越戴越多，如今右手上已有四个。看她磕鸡蛋，推面糊，手起手落地劳作，心中便很怜悯她。一天操持下来，这许多金属坠在腕上，便相当于一场举重比赛了。

吃了女人的煎饼，前心后背长了精神。一辆原本挤不上的车，竟贴了进去。

城市是车的沼泽。紧赶慢赶，望到鲁迅文学院白色的教学楼时，恰恰到了上课的时间。

“今儿个晚喽！”看门兼打铃的老师傅，笑眯眯着对我说。

“不——晚！”我急忙往楼上跑，顾不得还他一个笑。

“别慌！等你上了楼，我再打铃。”

在文学院读书的日子里，不知可有细心的同学发现了这个秘密。有的早晨，那铃声会晚响一两分钟，陪着我走进教室。

同学们都端坐着，枯燥而温暖。他们在校，以逸待劳，可我的十分精力已耗掉了一半。

然而一切才刚刚开始。

我从未正正规规地学过文学。一位主治医师，抛了自己所熟知的生理病理药理，却学起了陌生的文学美学哲学，扪心自问，是否同自己过不去？三十多岁的女人，离开舒适的房子和温馨的家，在风雨迷蒙的清晨，发缕湿淋淋地赶到这里，究竟是为什么？

我不知道。

也许这是我冥冥之中的天数，也许这是我人生中必遭的劫难。也许爱好是最好的老师，也许是对死亡的恐惧和对生活的顿悟……

也许什么都不因为，只缘北京师范大学和鲁迅文学院合办的研究生班录取了我！

当学生的，就该把学业完成好。

这是上小学一年级时，妈妈对我说过的话。我将铭记终生。

上午的课结束了，大家夹着书籍本册，蜂拥着往楼下走。每逢这一瞬，我便感动。觉得下了课的我，与半日前去上课的我，已有了某些不同。

午饭吃饺子。白菜馅，只有极少的肉，煮得又轻，菱形块的菜叶，顽强地立在饺子皮里。

吃了饭，背起书包。

“毕淑敏，下午有家编辑部来座谈，你不参加了？”有位同学高声叫喊。

“真抱歉！我得走了。”

真是个恋家的女人！

不知有无人这样背后指点过我。我不是回家，是去上班。我是一家有两千工人的工厂卫生所的所长。一边上学，一边上班，整个学生生涯，肩上都背着一具无形的药箱。

一路颠簸。当我就要走进我的卫生所时，我停下脚步，站在天空下，深深地吸了一口气——好像人们要下潜到幽暗的海底前所做的准备动作。

我不知道世上可有比我这个所长更小的官，但它却给予我深重的烦难。

下个月需买的药品该造表了……义务献血的名单务必落实……所里两位更年期的大夫吵起来了……领导有了病要到家去诊看……

一个泪水涟涟的女人，坐在我的椅子对面，脸上泥泞不堪。

“所长，我已等你多时。我的丈夫得了癌症……”

我给她倒了一杯水，轻轻地推送到她面前。所有的文学，所有的艺术，都被这女人滂沱的泪水冲向远方。她说得很对，我是所长。所长此时该干的事，就是尽量减轻她丈夫的痛苦……

住院难，住院难！我得派一个得力的医生去联系此事，也许还得备一份薄礼……

我像一架高速运转的机器，处理着一位所长应当承担的事务。上午那些关于文学的清谈，已像一个神秘遥远的童话。

终于，下班了。

现在，最严重是迫切的问题是：今天晚上全家人吃什么？

这是主妇们永恒的命题。我常常面对这道题踌躇不安。不是因为金钱的拮据，而是靡费不起时间。

在背着课本和工作总结的书包里，再塞进去一把菜豆角。

一边做饭，一边背我的单词。

一边炒菜，一边记一个概念。

我不是一个优秀的学生，但我是一个用功的学生。

晚饭以后的时间，是属于我的儿子的。既然我把他带到了这个世界上，总还要扶上马再送一程，教他怎样长大，怎样做人。

夜色终于将所有的空气都染黑了。躺在床上，伸直百骸，只听得所有的骨节都咔吧作响，好像它们就要在某一处折断。小时候听人说，骨头响是要长个儿了。

枕头好像是薄荷做的，不催人入眠，反令人警醒。一个萤火虫似的光亮从远处飞来，闪烁着精灵一般的色彩。

这是什么？

这是一篇小说最初的种子，竟在这样的疲惫困倦之中，诚实地谦逊地来拜访我了。

我在暗夜中睁着眼睛，看见它埋进记忆的梯田里，在干旱与贫瘠中，顽强地生长着，抽出柳条一般的叶，开出星星点点火苗一般灿烂的花……

台灯

忘了那是哪一年，我还在一家工厂做医生。发下一张表，说是要填家中都有什么大件的享用品，比如冰箱、电视机什么的，似乎要做一个统计，以证明人民的生活水平有了很大的提高。我一项项如实填来，在电视机的后面打了个钩，在电冰箱后面打了个叉。突然见了一项——“台灯”。

看我愣在那里，一旁的人说，啊呀，你连自己家里有没有台灯都忘了吗？我忙分辩道，不是记性不好，是想不通台灯也能算大件？它个头不大，费电也不多，买下来也不贵，为什么要把它隆重地列在这里呢？

那个人不能回答，就把话题岔开了。我当时的职业是工厂卫生所的内科大夫，几天之后，负责统计这表的干事正好来看病，我顺便把疑问提出。那干事一把鼻涕一把泪（他患重感冒）地说，台灯本身当然算不上大件，可你没书桌，会要台灯吗？家里场地若不是足够大，一盏灯足够，还用买台灯照亮吗？要是吃了上顿没下顿的，你有闲情逸致置办台灯吗？

他的反问和他的咳嗽一齐抵达我的耳鼓，从此我铭记了台灯的意义。

我家最早的台灯有一圈绿色的纱罩，光好像是从蜻蜓翅膀的背后发出来的。“文革”了，纱罩朽了。街上根本无台灯出售，只有“臭老九”才读书，他们都被批判了。用电影胶片重新编了一个罩子，扣在灯泡之上。早先洁净的柔绿被污浊替代，光柱透过影片中正反人物的身体，坠成了斑斓而芜杂的斑。

后来到了西藏，每晚在短暂的柴油机发电之后，就靠油灯和蜡烛度过长夜。油灯和蜡烛是不能叫台灯的，虽然那时我有了一张大大的工作台。山风呼啸，烛焰如同和风厮打的小人，谄媚地躲向一边，而那一边正巧有我读书的歪头，空气中就散出了牛奶泼洒到炉火上的呛人气味。我用手一捋，焦煳的短发簌簌落满书页，像黄而蜷曲的群蚁。那一日悻悻回到宿舍，夜已经很深了，四下漆黑，突然看到一位女伴的被子里透出明亮的灯光。以为是手电的光柱，却不想我洗漱一净后，那光芒仍然没有丝毫衰减的趋势（那时的电池不过关，雪亮的灯柱只能维持很短的时间），不禁就生了疑，“呼”的一下将那女兵的被子挑开，嬉笑道，干什么呢？这样用功？

被子里有大团梨黄色的毛线和金属的长针，原来那女孩在为心上人织毛衣，正挑灯夜战呢。我还小，不关心毛衣，只关心照明的工具。一堆硕大的干电池，如同董存瑞赴死时的炸药包，整整齐齐地绑在一起，一枚小小灯泡翘然而立，好似出水的荷莲，吐着稳定而金黄的光蕊。

我嫉妒得眼睛出血，问，这样的好东西，你怎么得来的？女友小声说，这是通信站的战备干电池，我给他织毛衣，他给我配备的。

我用被子把她和他的毛衣一股脑儿兜上，揉着烧焦的碎发回到自己的铺位，睡眼蒙眬地考虑了一番。为了我的工作台上也能有一盏金光四射的台灯，我是否也找一个通信站的男人，为他织一件毛衣？要找就找个小个子的，那样会织得快一些……记得在即将进入梦乡的那一瞬，我做出了决定，宁可黑暗下去，也不用毛衣针换光亮。

女友阿媚送我的结婚礼物是一盏台灯，那时我和先生分属不同的部队，没有一寸屋檐。我说阿媚你让我把你的礼物放在哪里？阿媚说，现在放在哪里都可以，只要最后它“坐”上你的书桌。

阿媚的台灯之后，我又用坏了很多台灯。早先买台灯的时候，最注重的是样式，内里的灯泡只要是亮的，就没什么可选的了。随着年岁的增长，看物看事，都朴素和实用起来。对台灯的外表已放淡了许多，犹如看一个人。年轻的时候，容貌在印象分里所占的比重很大。人老眼花之后，对灯的要求就格外挑剔而苛刻。灯罩的大小，灯臂的角度，灯泡的温度和色差……对一盏台灯来说，都如同人的内在气质，有更精彩的含义。

一盏要给写字人当“伴侣”的台灯，是要做好精神准备的。它会很辛苦，常常亮到深夜，有时还需直抵黎明。当它发出光芒的时候，使用者只看到被它的光芒所照射的那些文字和文字所栖息的一张张纸，却无暇注意台灯本身的样式和花纹。

一贺再贺

又到了寄贺年卡的季节。

先从街上买来许多美丽的贺卡，自己细细地欣赏一遍。心里盘算着：这一张庄重，送老师。那一张精巧，送女友……

在一个安静的晚上，把贺卡排在桌子上。再拟一张长长的名单，拿过一个信封，写下一个地址。

面对贺卡温馨的图案，构思一句句美好的祝福或诙谐的调侃，潇潇洒洒地写在光滑的纸面，装进信封，最后用糨糊粘得结结实实。只待明日塞进邮筒，一份浓浓的心意就宣告完成。

这操作很是要一丝不苟。那写错了地址，装错了内瓤的笑话，不断在耳边提示我小心。大过年的，倘若张冠李戴，对自己对别人都是尴尬。

我专心致志地伏在桌上写呀粘的，贺卡与信封像密林的落叶，铺成厚厚一层。先生要给我帮忙，我忙说不用，人多乱。

干得正起劲，突然停电了。

四周一片盘古开天时的黑暗。

“哎呀，这可怎么办？”我失声叫起来。

“点蜡呀。”先生说。然后窸窸窣窣翻箱倒柜的声音。

红烛点起来了，颤颤的火焰耀出一团小小的明亮，贺卡上的图案反射出长长短短的光芒，竟有了阳光下灯光下不曾见过的瑰丽。

不管贺卡多么好看，这活儿今晚是干不下去了。烛焰翻卷，怕燎煳我的贺卡，字上若洒了烛泪，也是对师友的不敬。

第二天我起得晚，看到桌面上摆着未写字的贺卡，已封好的信封都不见了。

先生比我起得早，将写好的贺卡带走付邮了。

我接着昨晚中断的名单继续写卡。

一提笔，却发现这中间出了事故。

名单断在我的一位女友处。我恰恰忘记了——给她写了还是没写贺卡？

急急回忆，脑海里缭绕的只是蜡烛的青烟。

她是很爱放风筝的，记得早早就给她草拟了祝福。那词是：让我们在春天里去放风筝。

我问自己：这句话你到底是写了还是没写？

我不知道。

回忆得多了，脑海越发混乱。一时觉得是写了，一时觉得是没写，全无了头绪。只得将它放下，先写别的卡。

先生晚上回家，我问他所发的信里，可否记得有女友的地址？他说，那么多的信，我并没有一一看。

最后的线索也砰然断裂。

我心中一直放不下这件事。

贺卡事小，情谊事大。

怎么办呢？几天过去了，要不打个电话，问问她是否收到了我的贺卡？

想想，不可。她若是说没收到，是那贺卡仍在路上颠簸，还是我终于没写呢？

年的前夕，我收到了女友的贺卡。

年一天天地逼近。再不寄出贺卡，就无法在过年时送达朋友的手中了。

宁滥毋缺吧。我又到街上精心选了一张贺卡，写着：让我们在春天里去放风筝。投进邮筒。

年的晚上，电话响了。女友用低低的声音说："我收到了你的贺卡。"

我说："喜欢那句祝愿的话吗？"

她说："喜欢。尤其喜欢你写了两遍。"

哈！原来真是我把贺卡寄重复了。

我说：“对不起啊，没想到那天夜里停电……”

她打断了我的话说：“你知道我收到你第二次寄来的贺卡时，想的是什么？”

我说：“你肯定在想，这个毕淑敏啊，那样粗心！连一张贺卡寄了没寄也记不清楚，把友谊放到了什么地方？”

电话里片刻寂静无声。女友顿了一下，说：“你说错了。当读到第二份一模一样的祝福时，我愣了许久。我知道你忙。人可以忙得忘了自己到底寄没寄出贺卡，但你记得专为我许下的祝福。我为这一份特别的情意，深深感动……”

年后的某一天，我收到女友的信。撕开来，又一张贺卡飘落眼前。

信里说：过年时，重复收到同一个人同样的祝福，有一种很奇异温暖的感觉。无以报答，复赠一张贺卡，让你也体验一下这份浓浓的情意。

我打开贺卡，上面端端正正地写着：一贺再贺，祝福成真。

我在寻找那片野花

一位女友，告我这样一件事。

上小学的时候，班上有个女同学，叫作荞，家境贫寒，每学期都免交学杂费的。她衣着破烂，夏天总穿短裤，是捡哥哥剩下的。我和她同期加入少先队。那时候，入队仪式很庄重。新发展的同学面向台下观众，先站成一排，当然脖子上光秃秃的，此刻还未被吸收入组织嘛。然后一排老队员走上来，和非队员一对一地站好。这时响起令人心跳的进行曲，校长或是请来的英模——总之是德高望重的长辈，口中念念有词，说着“红领巾是红旗的一角，是用烈士的鲜血染成”等教诲，把一条条新的红领巾发到老队员手中，再由老队员把这一鲜艳的标志物，绕到新队员的脖子上，亲手绾好结，然后互敬队礼，宣告大家都是队友啦！隆重的仪式才算完成。

新队员的红领巾，是提前交了钱买下的。荞说她没有钱。辅导员说，那怎么办呢？荞说，哥哥已超龄退队，她可用哥哥的旧领巾。于是那天授巾的仪式，就有一点特别。当辅导员用托盘把新领巾呈到领导手中的时候，低低说了一句。同学们虽听不清是什么，但能猜出来——那是提醒领导：轮到荞的时候，记得把托盘里的那条旧领巾分给她。

满盘的新领巾好似一塘金红的鲤鱼，支棱着翅角。旧领巾软绵绵地卧着，仿佛混入的灰鲫，落寂孤独。那天来的领导，可能老了，不曾听清这句格外的交代，也许他根本没想到还有这等复杂的事。总之，他一一发放领巾，走到荞的面前，随手把一条新领巾分给了她。我看到荞好像被人砸了一下头顶，身体矮了下去。灿如火苗的红领巾环着她的脖子，也无法映暖她苍白的脸庞。

那个交了新红领巾的钱，却分到一条旧红领巾的女孩，委屈至极。当场不好发作，刚一散会，就怒气冲冲地跑到荞跟前，一把扯住荞的红领巾说，这是我的！你还给我！

领巾是一个活结，被女孩拽住一股猛挣，就系死了，好似一条绞索，把荞勒得眼珠凸起，喘不过气来。

大伙扑上拉开她俩。荞满眼都是泪花，窒得直咳嗽。

那个抢领巾的女孩自知理亏，嘟囔着，本来就是我的嘛！谁要你的破红领巾！说着，女孩把荞哥哥的旧领巾一把扯下，丢到荞身上，补了一句——我们的红领巾都是烈士用鲜血染的，你的这条红色这么淡，是用刷牙出的血染的。

经她这么一说，我们更觉得荞的那条旧得凄凉。风雨洗过，阳光晒过，捎了颜色，布丝已褪为浅粉。铺在脖子后方的三角顶端部分，几成白色。耷拉在胸前的两个角，因为摩挲和洗涤，絮毛纷披，好似奓开的锅刷头。

我们都为荞不平，觉得那女孩太霸道了。荞一声未吭，把新领巾折得齐整整，还了它的主人。把旧领巾端端系好，默默地走了。

后来我问荞，她那样对你，你就不伤心吗？荞说，谁都想要新领巾啊，我能想通。只是她说我的红领巾，是用刷牙出的血染的，我不服。我的红领巾原来也是鲜红的，哥哥从九岁戴到十五岁，时间很久了。真正的血，也会褪色的。我试过了。

我吓了一跳。心想，她该不是自己挤出一点血，涂在布上，做过什么试验吧？我没敢问，怕得到一个肯定的答复。

毕业的时候，荞的成绩很好，可以上重点中学。但因为家境困难，只考了一所技工学校，以期早早分担父母的窘困。

在现今的社会里，如果没有意外的变故，接受良好的教育，是从较低阶层进入较高阶层的——不说是唯一，也是最基本的孔道。荞在很小的时候，就放弃了这种可能。她也不是国色天香的女孩，没有王子骑了白马来会她。所以，荞以后的路，就一直在贫困的底层挣扎。

我们这些同学，已近了知天命的岁月。在经历了种种的人生，尘埃落定之后，屡屡举行聚会，忆旧兼互通联络。荞很少参加，只说是忙。于是那个当年扯她领巾的女子说，荞可能是混得不如人，不好意思见老同学了。

荞是一家印刷厂的女工。早几年，厂子还开工时，她送过我一本交通地图。说是厂里总是印账簿一类的东西，一般人用不上的。碰上一回印地图，她赶紧给我留了一册，想我有时外出，或许会用得着。

说真的，正因为常常外出，各式地图我很齐备。但我还是非常高兴地收下了她的馈赠。我知道，这是她能拿得出的最好的礼物了。

一次聚会，荞终于来了。她所在的工厂宣布破产。她成了下岗女工。她的丈夫出了车祸，抢救后性命虽无碍，但伤了腿，从此吃不得重力。儿子得了肝炎休学，需要静养和高蛋白。她在几地连做小时工，十分奔波辛苦。这次刚好到这边打工，于是抽空和老同学见见面。

我们都不知说什么好，只是紧握着她的手。她的掌上有很多毛刺，好像一把尼龙丝板刷。

半小时后，荞要走了。同学们推我送送她。我打了一辆车，送她去干活的地方。本想在车上，多问问她的近况，又怕伤了她的自尊。正斟酌为难时，她突然叫起来——你看！你快看！

窗外是城乡交界部的建筑工地，尘土纷扬，杂草丛生，毫无风景。我不解地问，你要我看什么呢？

荞很开心地说，我要你看路边的那一片野花啊。每天我从这里过的时候，都要寻找它们。我知道它们哪天张开叶子，哪天抽出花茎，在哪天早晨，突然就开了……我每天都向它们问好呢！

我一眼看去，野花已风驰电掣地闪走了，不知是橙是蓝。看到的只是荞的脸，憔悴之中有了花一样的神采。于是，我那颗久久悬起的心，稳稳地落下了。我不再问她任何具体的事情，彼此已是相知。人的一生，谁知有多少艰涩在等着我们？但荞经历了重重风雨之后，还在寻找一片不知名的野花，问候着它们。我知道在她心中，还储备着丰足的力量和充沛的爱，足以抵抗征程的霜雪和苦难。

此后我外出的时候，总带着荞送我的地图册。朋友这样结束了她的故事。

豆角鼓

有一个在幼儿园就熟识的朋友，男生。那时，我们同在一张小饭桌上吃饭。上劳动课的时候，阿姨发给每人一面跳新疆舞用的小铃鼓，里头装满了豆角。当我择不完豆角丝的时候，他会来帮我。我们就把新疆铃鼓称为“豆角鼓”。

以后几十年，我们只有很少的来往，彼此都知道对方在城市的某一个角落里，愉快地生活着。一天，他妻子来电话，说他得了喉癌，手术后在家静养，如果我有时间的话，请给他去个电话。我连连答应，说明天就打。他妻子略略停了一下说，通话时，请您尽量多说，他会非常入神地听。但是，他不会回答你，因为他无法说话。

第二天，我给他打了电话。当我说出他的名字以后，对方是长久地沉默。我习惯地等待着回答，猛然意识到，我是不可能得到回音的。我便自顾自地说下去，确知他就在电线的那一端，静静地聆听着。自言自语久了，没有反响也没有回馈，甚至连喘息的声音也没有，感觉很是怪异。好像你面对着无边无际的棉花垛……

那天晚上，他的妻子来电话说，他很高兴，很感谢，希望我以后常常给他打电话。

我答应了，但拖延了很长的时间。也许是因为那天独自说话没有回声的感受太特别了。后来，我终于再次拨通了他家的电话。当我说完，你是××吗？我是你幼儿园的同桌啊……

我停顿了一下，并不是等待他的回答，只是喘了一口气，预备兀自说下去。就在这个短暂的间歇里，我听到了细碎的哗啦啦声……这是什么响动？啊，是豆角鼓被人用力摇动的声音！

那一瞬，我热泪盈眶。人间的温情跨越无数岁月和命运的阴霾，将记忆烘烤得蓬松而馨香。

那一天，每当我说完一段话的时候，就有哗啦啦的声音响起，一如当年我们共同把择好的豆角倒进菜筐。当我说再见的时候，回答我的是响亮而长久的豆角鼓声。

比树更长久的

人们对于生命比自己更长久的物件，通常报以恭敬和仰慕。对于活得比自己短暂的东西，则多轻视和俯视。前者比如星空，比如河海，比如久远的庙宇和沙埋的古物。后者比如朝露，比如秋霜，比如瞬息即逝的流萤和轻风。甚至是对于动物和植物，也是比较尊崇那些寿命高渺的巨松和老龟，而轻慢浮游的孑孓和不知寒冬的秋虫，在这种厚此薄彼的好恶中，折射着人间对时间的敬畏和对死亡的慑服。

妈妈说过，人是活不过一棵树的。所以我从小就决定种几棵树，当我死了以后，这些树还活着，替我晒太阳和给人阴凉，包括也养活几条虫子，让鸟在累的时候填饱肚子，然后歇脚和唱歌。我当少先队员的时候，种过白蜡和柳树。后来植树节的时候，又种过杨树和松树。当我在乡下有了几间小屋，有了一块属于自己的小园子之后，我种了玫瑰和玉兰，种了法桐和迎春。有一天，我在路上走，看到一节干枯的树桩，所有的枝都被锯掉了，树根仅剩一些凌乱的须，仿佛一支倒竖的“鸡毛掸子”。我问老乡，这是什么？老乡说，柴火。我说我知道它现在是柴火，想知道它以前是什么。老乡说，苹果树。我说，它能结苹果吗？老乡说，结过。我不禁愤然道，为什么要把开花结果的树伐掉？老乡说，修路。

公路横穿果园，苹果树只好让路。人们把细的枝条锯下填了灶坑，剩下这拖泥带土的根，连生火的价值都打了折扣，被弃在一边。

我说，我要是把这树根拿回去栽起来，它会活吗？老乡说，不知道。树的心事，谁知道呢？我惊，说树也会想心事吗？老乡很肯定地说，会。如果它想活，它就会活。

我把“鸡毛掸子”种在了园子里。挖了一个很大的坑，浇了很多的水。先生说，根须已经折断了大部，根本就用不了这么大的坑，又不是要埋一个人。水也太多了，好像不是种树，是蓄洪。我说，坑就是它的家，水就是它的粮食。我希望它有一份好心情。

种下苹果树之后的两个月，我一直四处忙，没时间到乡下去。当我再一次推开园子的小门，看到苹果树的时候，惊艳绝倒。苹果树抽出几十枝长长短短的枝条，绿叶盈盈，在微风中如同千手观音一般舞着，曼妙多姿。

我绕着苹果树转了又转，骇然于生命的强韧。甚至不敢去抚摸它紫青色的树干，唯恐惊扰了这欣欣向荣的轮回。此刻的苹果树在我眼中，非但有了心情，简直就有了灵性。

当我看到云南个旧市老阴山上的文学林的时候，知道自己又碰上了一群有灵性的树。1983年的春天，丁玲、杨沫、白桦、茹志鹃、王安忆等二十多位作家，在这里种下了树。二十一年过去了，我看到一棵高高的杉树，上面挂着一个铭牌，写着“李乔”。李乔是位彝族作家，已然仙逝。我没缘分见到他本人，但我看到了他栽下的树。以后当我想起他的时候，记不得他的音容笑貌，但会闪现出这棵高大的杉。李乔已经把生命的一部分嫁接到杉树的枝叶里，这棵杉树从此有了自己的名姓。

也许是考虑到每人一棵树，不一定能保证成活，也不一定能保证多少年后依然健在，这次聚会，栽树的仪式改为大家同栽一棵树。这是一棵很大的树，枝叶繁茂。我也挤在人群中扬了几锹土，然后悄悄问旁人，这是一棵什么树？

是棕树的一种，国家二类保护树种呢！工作人员告诉我。

这棵树能活多少年呢？我又追问。

这个……不大清楚。想来，一百年总是有的吧。工作人员沉吟着。

我看着那棵新栽下的棕树，心想不管它的寿命多么长久，总有凋亡的那一天。也许是被雷火劈中，也许是被山洪冲毁，也许是被冰霜压垮，也许是被盗木者砍伐……总之，一棵树也像一个人一样，有无数种死法，总之是不会永远青的。

在栽树的时候，去谋划一棵树的死亡，这近乎是刻毒了。我不想诅咒一棵树。鉴于一个人总是要死的，人们寄希望于那些比个体生命更悠远的事物。但一棵树也是会死的，即使像我捡来的苹果树那样顽强且有好心情的树，也是会死的。既然树木无望，我们只有寄托于精神的不灭。

一个人是活不过一棵树的，然而再古老的树也有尽头。在所有的树的上面，飞翔着我们不灭的精神，而文学是精神之林的一片红叶。

七条金鱼在呼吸

一天，我家先生从外面捡回一个旧缸，果酱色，半截高，估计是以往哪个单位食堂和面用的，现在都订盒饭吃了，老功臣就被遗弃。先生讨回来，主人一定暗地高兴，免得扔它到垃圾箱的麻烦。

旧缸摆在客厅，显得不伦不类。我家的陈设虽十分普通，但和一个黑黢黢的土缸，还是难协调。有朋友来，惊异道，毕淑敏，你该不是在积农家肥吧？

我不语，且看先生如何安排。星期天，他从街上买回了七条金鱼和一束水草。鱼和草都是最普通的那种，红的鳍和绿的羽叶在盛满水的塑料袋中蜷曲漂荡。先生把缸刷了许久，一边刷一边嘟囔，可千万别是腌过咸菜的，那样会把鱼齁死……

我这才知道，先生要用这缸养金鱼。

我说，为什么不买一个好看的缸呢？透明的，有灯的那种。还有氧气泵什么的，缸的背景贴上美丽的水草图案，鱼在里面会笑的。

先生一边仔细擦拭着面缸，一边说，我小的时候，我家的院子里就有这样一个缸，里面就养着这样的金鱼和这样的水草……

话已说到这个份儿上，我知道任何建议都已枉然。每个人的童年都有一些结，七缠八绕凝在那里，不断地放射出引起我们的快乐、怀念和其他种种复杂情感的蛛丝。

缸刷好了，金鱼们迁徙进这个以前不知做过何用途的新居，开始争先恐后地吃先生抛撒的鱼虫。先生特地正告我，喂鱼一只手。也就是说，此事就由他承包了。不得谁有时无刻地想起来，乱喂一气，那样金鱼很容易撑死的，它们自己没什么数，全靠人控制。先生叮咛。

既然剥夺了我的监护权，我也乐得清闲，每日按部就班地忙自己的事。一日，在电脑打字的间歇，突然听到点点滴滴的破碎声。疑是水龙头没拧好，厨房卫生间一通寻找。不是。坐下工作，那声音重又响起，锲而不舍，仿佛在嘲笑我的粗心。于是再站起身，细致搜索。那声音便奇迹般地消失了，以致我恐惧起自己是否患了老年幻听？

怪哉！当我安静时，那声音一定是存在的。当我行动时，那声音就受惊似的遁去。怎么会有这般的灵性呢？只有一个解释——那声音是由有生命的物体发出的。想到此，吓一跳，好在很快释然。我想到了那七条金鱼。

待我悄然地起身，走近缸边，果然看到金鱼们正在水面呼吸。圆圆的唇一半在水中，一半在空气中，吞咽着，吹拂着，于是就有极细碎的气泡，翻滚着涌出，然后迅即迸裂，发出蚕丝扯断般光滑和柔润的碎裂声……

哦，原来是你们啊，陪伴着我的生灵！

从此，我写作的时候，就有了一种伙伴感。我知道近在咫尺的地方，有七条金鱼不倦地游动着。

金鱼的呼吸声很有趣，只有当你极宁静的时候，才听得到。如果你心浮气躁，它就奇异地潜藏了。刚开始我以为金鱼有什么特异功能，可以感知到我的心绪，当我忧郁的时候，它们也郁郁寡欢。但我很快发现，当我欢愉的时候，也听不到金鱼的呼吸。为什么呢？难道金鱼会有意识地抑制自己的呼吸吗？

和金鱼做伴久了，我才知道，我家金鱼的呼吸，基本上是一个常数。除非极受惊扰会深潜水底，其余的时候是不间断的，其频率可达每分钟一百三十次。也就是说，假如碰巧七条金鱼都在水面呼吸，每分钟就会有将近一千次美妙的声音敲击我们的耳扉。

听不到，不是金鱼屏息，而是那一刻心绪不宁。只有心神归一，才有可能听到金鱼的呼吸。听到之后，就很奇怪，这样整齐而轰鸣的声音，片刻前怎么就置若罔闻了呢？

于是写得累了的时候，就听金鱼的呼吸。金鱼的呼吸好似一扇门，打开之后，接着听到了很多的声音。一只鸟在啼叫，汽笛的断续抽噎声，一个小小的婴儿在哭，一枚铁钉掉在马路上了……七条金鱼用它们的呼吸，吹拂开了捂住我双耳的黑手，让我听到了很多美妙的声音。

午夜的声音

把朋友们的姓名写在一张纸上，啊，好长！细一检点，几乎全是女性。

交女友比交男友随意与安宁。男友跟你谈的多是国家、命运和历史，沉重而悠长。

于是，便累。

还有那条看不见的战线，总在心的角落时松时紧，好像在弹一首暗哑的歌。先是要提醒对方，后是要提醒自己：不要在懵懵懂懂之中误越了界限。总有那种临近模糊的时刻，于是便要在心中与他挥泪而别。

与女友相处，真是轻松得多，惬意得多。与女友聊天，像是在温暖清澈的水中游了一次泳，清爽润滑，百骸俱松。灵魂仿佛被丝绸擦拭一新，又可以闪闪发光地面对生活了。

可惜世界太大，女友们要聚到一起太不容易。

你有空时她没空，她得闲时你无闲。还有先生的事孩子的事，像杂乱的水草缠住脚踝。大家相逢在一处，像九星连珠似的，时间要算计了又算计。

于是女人们发明了电话聊天。忧郁的时候，寂寞的时候，悲哀的时候，烦躁的时候……电话像七仙女下凡时的难香，点燃起来，七八个数码拨完，女友的声音，就像施了魔法的精灵，飘然来到。

一位女友正在离婚，她在电话的那一方向我陈述，好像一只哀伤的蜜蜂。我静静地倾听，犹如一个专心的小学生，虽然时间对我来说极其宝贵，虽然我只听开头就猜出结尾，虽然夜已深沉，虽然心中焦虑，我依旧全神贯注地倾听，在她片刻的停顿时，穿插进亲昵的嗯或啊……我很希望自己能创造出杰出的话语，像神奇的止血粉，撒布在朋友滴血的创口，那伤处便像马缨花的叶子一般静谧闭合……但我知道我不能。我能送给朋友的就是静静地倾听，所有的语言都苍白无力，沉默本身就是理解和友谊。

有时铃声会在夜半突然响起，潜入我的梦中。夫比我灵醒，总是他先抓起电话，然后对我说，你的那群狐朋狗友又来啦！

“你是毕淑敏吗？有件事情我想求你……”声音大得震耳欲聋，使我疑心她就在楼下的公用电话亭。

其实她在城市的另一隅，女大当婚，却至今单身。她总是像潜艇一样突然浮出海面，之后又长时间地不知踪影。然而我知道她在人群中潇洒地活着，当她需要朋友的时候，就会不择时机地叩响我的耳鼓。

有什么事你尽管说……我一边披衣一边用眼光搜索鞋子，好像准备去救火。

别那么紧张。她轻快地笑了，我只是想求你帮我写几个信封……她说着，详详细细清清晰晰地交代我一个男人的地址和姓名。

因为这样一件事，就值得把我从温暖的被窝里薅出来吗？我睡眼惺忪地问。

这就是我的那个他呀，我每天要给他写一封信，传达室的老头都认识我的字迹啦！我想换种笔体，这样他取信时就不会难为情啦！

噢！我的女友！我对着黑漆漆的玻璃窗做了一个鬼脸：为了她的男友，她可不怕叨扰自己的女友！

我也会在某个刹那下意识地抚摸电话键，好像扪及一串润滑的珍珠。你好。我对一位女友说。你好。她说，有什么事吗？她清凌凌地问，一点不惊讶，好像预知我在这个时刻会找她。没什么事，只是，想找人说说话……你们那里下雨了吗？我沉吟着，继续组织着自己语言的阶梯。下了，雨不小也不大。她平静地回答。我很想到雨里去行走，很喜欢在坏天气的时候，到湖里去划船……我突然很急切地对她说，嗯，你此时心情不好。她说，我们每个人都有这种时候，忍一忍就会过去。不要紧，做饭去吧，择菜去吧，看一本喜爱的书……要不然就真到风雨中去走走吧，不过，可要穿起风衣，撑起雨伞，最起码也需戴上斗笠……我的心在这柔柔的劝慰之下，终于像黄昏的鸽群，盘旋之后，悄然落下。

每一位女友，都是一帧清丽的画。每一次谈话，都是一盏温馨的茶。我们互相凝眸，我们互相温暖，岁月便在女人们的谈话中慢慢向前推进。

为了雪山的庄严和父母的希望

我发表处女作是1987年，那一年我已经三十五周岁了，处女作中篇小说《昆仑殇》获第四届昆仑文学奖。编辑说，看你的写作水平，应该有十年以上的写作经验了，在这之前，你在干什么？

在写作以前，我在遥远的西藏当兵，学的是医务。十一年之后，转业回到北京，在一家卫生所当所长。我在白衣战士的那条战线上，当到了内科主治医师的位置，假如不是改了行，就当到了副主任，您现在到医院看我的门诊，就要挂三块钱一个的号了。

一个女人，更具体地说，是一个医术很好颇有人缘的女大夫，为什么要弃医从文，在已过了“而立之年”的沉稳日子里，要拿起生疏的文学之笔开始艰难的跋涉？

在许多孤寂写作的深夜，我对着苍天自问。

我不知道。

但是，我感到一个苍凉而喑哑的声音，在寒冷的西部呼唤我，

我知道苍茫的云隙中，有一双期望的睿眼在注视着我。

我没有办法抗拒。你可以违背一个人的意志，但是你不能违背一座雪山。

这就是昆仑山啊。我们民族最伟大的峰峦。

不管文化古籍里怎样考证，说传说中的昆仑山是现如今的什么什么山，我总认为它不是一座具体的山，而是一个象征。想想那时候，交通工具多么不便，又没有精确的地图，指南针还没有发明出来。古人们绝不可能把山与山的分野搞得条块分明。他们只有对着西部广袤的隆起兴叹，在落日的余晖里，勾勒云霭中浮动着的鬼斧神工的宫殿……于是，他们把无数神奇的传说附丽其上，敷衍出最雄伟的想象。那里有九条尾巴的天神把守的天宫，那里有直插云霄的天稻，每一粒谷子都是鸡蛋大的玉石……

无独有偶。在印度辽阔的恒河平原上，更为优雅的神话野火般流传。赤足的人们向西眺望，看到皑皑的冰峰劈裂云霄。他们认为有超凡入圣的法力统治其上，说那里是佛祖居住的地方……

两大古老种族神秘的目光交会于此——这就是地球上最高耸的原野——藏北高原。

当我十六岁的时候，离开北京，穿上军装。火车不断地向西向西，到了新疆的乌鲁木齐。又换上汽车向西向西。在茫茫戈壁上奔跑了六

天以后，到达南疆重镇喀什。这一次汽车不是向地面上的哪个方向行驶了，而是向“天上”爬去。又经历了六天无与伦比的颠簸，我作为藏北某部队第一批女兵五个人当中的一员，到达了这块共和国最高的土地。

这块土地是喜马拉雅山、冈底斯山和喀喇昆仑山聚合的地方，平均高度在海拔五千米以上，它有一个奇怪的名字，叫作“阿里”。

没有人知道“阿里”是什么意思。我曾经问过博学的藏学家，也没能给一个明晰的回答，只是说这个词汇可能属于一个早已消亡了的语系。我沿用了一个我在阿里搜集到的民间传说：阿里的意思是“我的”。

“我的”什么呢？我的高原？我的山川？我的牦牛和我的盐巴？我的清澈的湖泊和险恶的风暴？不知道。人类的远祖用我们不懂的语言，为我们留下了一道永恒的谜。也许在先民们眼中，所有的一切都是有灵性的，它们都在呼喊着“我的”。

我小的时候，学习很好。语文好，数学也好。语文老师说我以后可以当个记者（不知为什么，她从来没提到要我当作家，可能觉得当记者比较实际，而如何才能当上作家，她也不知道）；数学老师则说我以后可以上清华大学，成为一个女数学家。我回到家里，很高兴地把这些话学给妈妈，没想到她训斥我说，这都是老师们逗你玩的，你永不要相信别人说你如何好的话。

我挺伤心的，从此养成了对别人的夸奖总是半信半疑的习惯。我不知这习惯到底好不好，但它使我在荣誉面前天生的镇静起来。

我小学毕业后考进了北京外国语学院附属学校。据说是很难考的，录取率只有几百分之一。更不消说，各小学校都是把招生单给了最优秀的学生，使竞争出奇地激烈。而且女生录取得很少，只及总数的四分之一。

我考上了，妈妈难得地高兴了一回。但是，我已经养成了荣辱不惊的脾气，并没有特别地兴奋。

在学校读书的时候，我的成绩依然很好。我现在还保存着一张当时的成绩单，所有的科目平时都是五分，期末考试都是“优”。我后来在军医专业学习的时候，每次考试也都是第一。由于一贯的优异，使我在内心深处看不起在校学习这件事。你想啊，上边有老师喋喋不休在讲，周围有同学可研讨，你什么事都没有，专门学前人遗留下的那点知识，你要是还学不好，不是太说不过去了吗？

我在学校最大的收获，是见了一个比较大的世面，读了不少的书。退回去三十多年，许多社会名流的孩子已经在反帝反修的同时，孜孜不倦地开始学习外语。我们这所学校干部子女的密集程度，大概超过了京城的任何一座学校。我的父亲是军队的一位正师级干部，但相比之下，我只能算作平民子弟。由于我优异的学习成绩，使我保持了一种有尊严的生活态度。我得以近距离地观察到真正的“贵族”气派，看到它的华贵，也看到它的羸弱。

读了许多的课外书，则得益于“文化大革命”的停课。我们学校里有一个很大的图书馆，平日里我们是没有机会读小说的。功课压得非常紧，老师原本要求我们夜里说梦话都要用外语的。只是图书馆里的书可不是无偿看的，看一本，要写出一篇批判文章。

刚开始，大伙儿觉得这个交易做得来，不就是看完之后胡乱照着报纸抄点革命词语就能交差了吗？于是，大家都去借，并相约看完了自己的那本以后，彼此交换。这样，每人写一篇批判稿，就可以看好几本小说。

但实践的结果并不美妙。很多人书是看了，但批判稿久久写不出来，时间长了，就失去了继续借书的资格。我也不愿意写大批判文章，你想啊，都是世界名著，看的时候，对大师们佩服得五体投地，书皮一合上，就要批判他们，这是一件多么残酷的事情！但管图书馆的小个子老师很严厉，交不了稿，你就永不要想从她的手里再借出一张纸。为了阅读大师们的作品，我只有硬起头皮来批判大师们。

道理虽说明白了，但写的时候，心痛如绞。我终于想出了一个两全其美的办法。比如看完《复活》，我就在纸上写：以下部分暴露出列夫·托尔斯泰的资产阶级人道主义倾向……然后我开始大段地抄录老托尔斯泰的原文，抄得很仔细，连一个标点都不曾错落……

还书的时候心情好忐忑，生怕小个子老师看出什么。没想到她连连表扬我的认真，原来她是只看标题，看字迹是否整齐，看篇幅的长短，并不在意你写的是什么。

只有我一个人坚持借书和写批判稿了，同屋的同学开始央求我，要我看完了书暂不要还，让大家都传着看一看。我当然不能拒绝，只是有的人看得很慢，已经过了好多天了，你问她看完了没有，她还说没完。知道书看到半截被人夺走的苦处，我不好意思催，只得耐心地等。但看惯了书的人，就像大烟瘾，是很难忍得住的。我就在下次借书时想办法——连借带偷。图书馆的小老师对我已是十分的信任了，每次我来借书，她不跟着了，让我自己在书架里挑。

我们的图书馆是一座建立于20世纪初的西式楼房，窗户很高很小，像旧时的教堂，加上书架遮挡了大部分的阳光，走道幽暗深邃。这真是一个作案的好场所。我在书架里转啊转，看到一本好书，就夹在胳肢窝的衣服里……这样几圈下来，双臂就像机械的木偶，动也不敢动了。最后僵硬地走到老师跟前，只把手里抱着的书登记。

这样，我看好几本书，只需写一本书的大批判稿，不但减轻了手的负担，更重要的是减轻了心灵的负担，不必昧着良心写那些可怕的话了。更不消说我的同学们也可以比较从容地看我借来的书了。

但还书的时候，气氛挺吓人的。借的时候，只图一时快活，完全忘记了是从哪个犄角旮旯掏出来的书，可还的时候一定要归位。小老师是很认真的，一旦她发现大量的图书放错了地方，怀疑到了我的身上，我的秘密书库就彻底摧毁了。我谨慎地控制着偷书的数量，严格地完璧归赵。每次还书的时候，身上夹带着好几本书，像个沉重的孕妇，还要等着小老师验收批判文章，心中狂跳不止。待老师那里过了关，急急钻进书架的峡谷，拼命回想上次取书的位置，冷汗涔涔。好不容易放了回去，刚轻松了一秒钟，又贪婪地开始了新一轮的夹带……

同学们坐享其成，却全然不体谅我的苦衷。轮到我要还书了，她们就耍赖，说还没看完呢。我紧着催她们，她们就说，谁能跟你似的，看得那么快啊，要不，这样吧，书你现在就可以拿走，但是你得把书中的故事讲给我们听。

于是，在“文化大革命”最激烈的年代，在北京城内一所古老的校舍里，每逢夜深人静，在一间住着八个女孩的房间里，就会传出我转述名著的声音。中外文学大师的智慧，像月光清冷地笼罩着我们，伴我们走进悠远的梦乡。为了给同学们讲得不露破绽，我读原著的时候就格外地认真。几十年过去了，我的一位现已在美国定居的朋友，说她至今仍记着我给她讲过的《笑面人》，而且拒绝看雨果的原著。她说，毕淑敏在那个夏夜所讲的《笑面人》是世界上最好的《笑面人》，我再没听过比这更好的故事了。

对这个评价，我淡然一笑。知道这是她在怀念自己的少年时代。

我从北京来到西藏的阿里当兵，严酷的自然环境将我震撼。所有的日子都被严寒冻硬，绿色成为遥远而模糊的幻影。

吃的是脱水菜，像纸片一样干燥的洋葱皮，在雪水的浸泡下，膨胀成赭色的浆团。炒或熬以后，一种辛辣而令人懊恼的气味充斥军营。

即使在日历上最炎热的夏季你也绝不可以脱下棉衣，否则夜里所有的关节就会嘎嘎作响。

由于缺乏维生素，我的嘴唇像兔子嘴一样裂开了，讲话的时候就会有红红的血珠掉下来。这是很不雅的事情，我就去问老医生怎样才能治好嘴唇？医生想了半天，说你要大量地吃维生素。我说吃啦，每天都吃一大把，足足有二十多片呢！可我的嘴唇为什么还是长不拢？医生说那就是你说话太多了，紧紧地闭一个星期的嘴巴，你的嘴唇就长好了。我说，那可不行，我是卫生员的班长，就算跟伙伴们可以不说话，跟病人也是要讲话的……老医生表示爱莫能助。

后来，我的嘴唇还是我自己给治好的。夜里睡觉的时候，用胶布把自己的嘴巴给粘起来，强迫裂开的口子靠在一起。白天撕开照常讲话。坚持了一段时间，在某一个清晨就好了。

由于缺氧，我的指甲猛烈地凹陷下去，像一个搅拌咖啡的小勺。年轻的女孩就是爱斗嘴。有一天，女卫生员们争论起来谁的指甲凹得最厉害，最后决定用注射器针头往指甲坑里注水，一滴滴往下灌，水的滴数多而不流淌溢出者为胜。记得我荣登榜首，好像是储藏了十几滴水吧，在指甲中心凝聚得圆圆的，像一颗巨大的露珠。

我是一个优秀的卫生员。有一天，我在《解放军报》上看到了一个叫作“毕淑敏”的人写的一首诗，就轻轻地笑了一下。我知道我的名字很大众，全中国从八岁到八十岁的女人，有几万叫这个名字的吧。但是我的姓是比较少的。现在有了一个同名同姓的人写了一首诗，觉得很亲切，就很仔细地读。

一读之下，我吃了一惊，因为这首诗是我写的。但是，千真万确，我没有向任何一家报刊投过稿。

我不知道这是怎么一回事儿，也没有人负责向我解释。时间一长，我就把它忘了。但许久之后军邮车上高原的时候（由于道路封山，邮车很长时间才上来一趟），报社给我寄来了一个黄色封面的采访本。我才得以确认那首诗确是我的作品，这个本就是稿费了。我用那个本记了许多有关解剖和生理方面的知识。

一个很偶然的机会，政治部的一位干事对我说，你的那首诗啊，充满了鲜血和死亡的意识，真不像是一个十几岁的女孩子所写。

我恍然大悟说，噢！原来我的那首诗是你给我投到报社去的啊！

他说，不是我。

他这才告诉我，是军报的一位记者到阿里高原采访。高原反应像重量级的拳击手，毫不留情地击倒了他，第二天他就下山返回平原了。但记者很忠于职守，就在高原的这仅有的一天里，挣扎着看了一些单位的黑板报，摘抄了一些作品带回去，我的小诗也在其中。回去以后，别人的都没选中，只发表了我的那一篇……

我不知道自己随手涂抹的句子还有这样的经历，但幼时妈妈的教育使我绝不大惊小怪。我没有看见自己的作品变成铅字的喜悦，总认为这是一个巧合。不会再有第二个记者匆匆下山，不会再有人看上我的小诗……

那大概是1971年的故事吧。

我继续专心地学习医学知识，一点也没有因此想搞投稿搞创作什么的。

当了几年兵，我回家探亲。我的父亲很郑重地同我谈到了那首诗，说他很高兴。

我从小是一个乖孩子，愿意使自己的父母快活。但我还是没想到写作，只感到一种隐隐约约的愿望在起伏。

我在藏北高原当了十几年的兵，把自己最宝贵的青年时代留在了冰川与雪岭之间。

我曾经背负武器、红十字箱、干粮、行军帐篷，徒步跋涉在无人区。也曾骑马涉过冰河疾驰在雪原，给藏族老乡行医送药。我曾在万古不化的寒冰上，铺一张雨布席地而眠，初次这样露营时，我想醒来身体还不得泊在一片汪洋之中？我真是高估了身体的微薄热量。黎明，当我掀开雨布查看时，只见雪原依旧，连个人形的凹陷都没有。除了双膝像凝固般的疼痛，一切都很正常。

攀越海拔六千多米的高山时，心脏在胸膛炸成碎片，仿佛要随着急遽的呼吸迸溅出嘴巴。仰望云雾缭绕的顶峰，俯视脚下深不可测的渊薮，只有十七岁的我，第一次想到了死。

我想，这样爬上去太难了，干脆装作一失脚，掉下悬崖……没有人会发现我是故意这样做的，在如此险恶的行军中死人的事经常发生。我牺牲于军事行动，也要算作小小的烈士。这样，我的父母也会有一份光荣……

我把一切都周密地盘算好了，只需找一埠陡峻的峭壁实施自戕的方案。

片刻之后，地方选好了。那是一处很美丽的山崖，天像纯蓝墨水一样浓郁地凝结着，凝然不动的苍鹰像图钉似的揳入苍天。这里的积雪比较薄，赭色的山岩如礁石一般浮出雪原（我知道要找一处山石狰狞的地方下手，否则叫厚雪一垫，很可能功亏一篑）……

一切都策划好了，但是我遇到了最大的困难。我的脚不听我的指挥，想让右脚腾空，可是它紧紧地用脚趾抠住毛皮鞋底儿，鞋底儿黏在酷寒的土地上，丝毫不肯像我计划的那样飞翔而起……我转而命令左脚，它倒是抬起来了，可它不是向下滑动，而是挣扎着向上挪去……青春的肌体不服从我的死亡指令，各部分零件出于本能居然独自求生……

那一瞬我苦恼至极，生也不成，死也不成，生命为何如此苛待于我？

一个老兵牵着咻咻吐白气的马走过来，他是负责后卫收容的。他说，曼巴（藏语的医生之意），拉着我的马尾巴吧，它会把你带到山顶。我看了一眼马毛被汗湿成一绺绺绳子样的军马。它背上驮着掉队者的背包、干粮和武器，已是不堪重负。

不，我不。我说。

老兵痛惜地看着我说，你是不是怕它扬起后蹄踢了你？放心吧，它没有那个劲了。在这么陡的山上，它再累也不敢踢你。只要它的蹄子一松劲，就得滚到峡谷里去。它是老马了，懂得这个利害。你就大着胆子揪它的尾巴吧。

我迟疑着，久久没有揪那条马尾。

不是害怕马，甚至也不是怜悯马。

我在考虑自己的尊严。

一个战士，揪着马尾巴攀越雪山，这是不是比死还让人难堪？

我的意志做出一个回答，生存的本能做出另一个回答。

意志终于在本能面前屈服，我伸出双手，揪住了马尾巴……

我的瞳孔看到许多年轻的生命，永远留在了万水千山之间。他们发生过悲凉或欣喜的故事，被呼啸的山风卷得漫无边际。

我为一个二十岁的班长换过尸衣，脱下被血染红的军装，清理他口袋里的遗物。他兜里装着几块水果糖，纸都磨光了，糖块像个斑驳的小乌龟，沾着他的血迹……我一点儿都不害怕，因为我的兜里也有和他一样的水果糖，这件小小的物品使我觉得他是兄弟。

我们把他肚子上覆盖的铁瓷碗取下来。碗里扣着的，是他流出的肠子——敌人的子弹穿透了他的腹腔。严寒使掉出的肠管变得像水泥一样坚硬，没有办法再填回他的肚子里去了。

我们给他换上崭新的军装，把风纪扣严严实实地系好。除了他的腰间因为膨出的肠子，扎了皮带也显得有些臃肿之外，真是一个精干的小战士呢。

趁人不注意，我在他的衣兜里又放上了几块水果糖。我不敢让别人知道，因为老兵们一定会笑话我的，他们把生生死死看得家蚕蜕皮一样正常。但我真的觉得，这个班长很需要这几块水果糖。糖是我特意挑的，每一块的糖纸都很完整，硬挺地支棱着，像一种干燥的翅果。

那个小兵被安葬在阿里高原，距今已经有二十多年了。我想他身边的永冻土层中，该有一小块微微发甜。他在清朗的月夜，也许会伸出舌头尝一尝吧？

1980年，我转业到北京，结婚、生子、操持家务……一个女人来到这个世界上该干的事情，我都很认真地做了。贤妻良母好医生，这是人们众口一致的评价。

对一个三十岁的女医生来说，你还需要什么？

按说是不需要什么了，我应该安安静静地沿着命运已经勾勒的轨道走下去。但是，我虽然从小生活在北京，对北京的一草一木都无比熟悉，此次归来，我却不再是过去的那个我了。怀里揣了那么多藏北的风雪，强烈地撞击着心脏。我对这个巨大的都市感觉陌生。

我到过这个国家最偏远最荒凉的地方，在横贯整个中国的旅行中，我知道了它的富饶与贫瘠。我在妖娆的霓虹灯中行走，身旁会突然显现白茫茫的雪原。在文明的喧哗与躁动之间，我倾听到遥远的西部有一座山在虎啸龙吟……

我的父亲有一天对我说，我看你是可以写一点东西的，你为什么不写呢？

我的父亲是一个很聪明的人，而且在文学艺术方面有很好的天赋。只是由于他们那一代人所处的环境，使他戎马一生，始终未能从事文学。我从他的目光里看到了期望，我决定一试。

但我除了爱看小说以外，从未经过正规的文学训练。

我决定先系统地学习。恰巧这时北京广播电视大学中文系招收自学生，不必到校听课，只要在规定的日子里参加考试，取得了相应的学分，就可以毕业了。

我开始了偷偷的学习。为什么要偷偷的呢？我总觉得一个医生要学着写小说，是件不正当的事情。你想啊，医生是和人的性命打交道的职业，谁愿意把自己的命交到一个三心二意的人手里？虽说我在上班看病的时候，绝对全神贯注，但我仍为自己的自学感到惭愧。

人们知道了我自学，仍然找我看病，我真的是一个很有人缘的好医生。但是病人们说，毕大夫，你这是何苦呢？你不是已经有了医学大专的文凭了吗？这是图的什么呢？

我无法回答。

一个微茫的希望在远方磷火般地闪动。我想用我的笔，告诉世人一些风景和故事，我想让我的父母惊喜。

在一年半的时间里，我学完了大学中文系的所有课程。以毕业论文“优”的成绩结束了自学。

在一个普通的日子，我铺开了一张洁白的纸。那是在深夜的内科值班室，轮到我值班，恰好没有病人。

日光灯管发出咝咝的响声，四周一派寂静。记忆在蛰伏了多年后苏醒，将高原的生命与鲜血铺陈于我面前。

我的处女作中篇小说《昆仑殇》不到一周就完成了。

从那以后，我写了一百多万字的作品，获得了几十次的文学奖。

我写了高原严酷的军旅生活，也写了平民百姓的酸甜苦辣。我的笔触有时涉及女性微妙的心理，有时也探讨经济领域眼花缭乱的现象……我是一个写作题材比较宽泛的作家，写作的时候心绪比较放松。我总想，自己原本是一个医生，因为有话要说，才拿起笔来。假如有一天，我的话说完了，就回去当医生，治病救人，也是很神圣的。

我后来又读了文学专业的研究生，得到了硕士学位，现在是中国有色金属工业总公司专业作家。之所以暂时的不当医生了，主要还是为了对病人负责。一边看病一边写作，无论自己多么在意，有时也难免分神。影响了写作不要紧，耽误了病人就糟了。告别医院的那一天，我心里好忧伤，有一种流离失所的凄凉……

医生和作家都是与人为善的事业。

我的父亲已经仙逝。他的眼睛在天上注视着我，更使我有一种无法逃遁的庄严感。

为了西部那座伟大的雪山，为了我的父母殷殷的期望，我将努力写作，直到我无法胜任这一神圣的工作时为止。

与寂寞相伴

我最初写小说的时候，不知道什么是小说。我只是想把我知道的一件事，讲给朋友们听。当然我要力求把这个故事讲得好听，要能吸引人，感动人。情节要曲折，语言要优美，最好能有引人深思的地方……我给自己提出的这个要求，是我平日读小说时对小说的期待。我理所当然地要求自己，尽可能地向这个标准靠拢。

写作是孤独的事业，宛若在幽深的原始林莽中砍伐出一条小路。你只知道大概的方向。那条路怎样蜿蜒曲折，谁也说不清，没有一个人可以商量。最可怕的是你可以随时折回去。没人逼你，没人检查你，没人约束你。你有写的自由，你更有不写的自由。

写作中最难战胜的敌人是自己的懈怠。这包括意志的懈怠艺术的懈怠。我常常懈怠，我也常常同自己的懈怠做斗争。

我写作，是因为我爱好。爱因斯坦说过：爱好是最好的老师。

每一篇小说的写作过程都是从“零”开始。写作和运动员比赛不同，它被冥冥之中的规律操纵，有时我们竭尽全力，却并不出色。有时偶然拈来，却出奇制胜。一名优秀的运动员，假如他跳过了两米，下次就只会在这上下不远的距离内波动。但写作却不然。你这一篇写得好，下篇却可能相当糟。我们需要不停地磨炼自己的思想意志和艺术触觉，这个过程孤独而艰苦。没有人能帮助你，你的亲人你的老师对你再好，也爱莫能助。你只有依靠自己的手和自己的脑，坚韧不拔地往下走。写作注定是一件寂寞的事情，既然我选择了它，就无怨无悔。

现在小说的轰动效应已经一去不复返。小说的轰动曾经是那么辉煌，万众争看同一本著作，大家激动不已议论纷纷。那已成为历史。那种轰动是一种不正常，现在的宁静才是正常。这种水波不兴的平和对我们的创作提出更新的要求。文学回到它应该在的位置上，这是好事。

人们越来越急躁，作家应该越来越冷静。物质生活越丰富，作家就越应关注精神的家园。写作的人应该有精品意识，而不应只满足于制造快餐。现代生活节奏这么快，人们步履匆匆。快餐需不需要？绝对需要。人们渴望知道别人的心灵，要在茫茫人海中寻找温馨的知音和切近的哲理。这就是为什么周末版卖得那么火，为什么散文随笔类小品文日见升温。我绝没有鄙薄的意思，快餐中也有精品，比如肯德基就风靡世界。但快餐绝不是全部，饮食文化中还要有八大菜系满汉全席。这是鸿篇巨制，需要屏气凝神仔细操作，需要博采众长精益求精。我相信特级厨师一定能做好盒饭，但只能做盒饭的可做不成烤鸭。把小说写好是需要真功夫的。

小说也要创新。我经常很仔细地读那些读得懂的现代派小说。读不懂的就不读了，何必让自己受罪呢？但那些优秀的机智的别开生面的现代派小说，我是很喜欢的。这就好比我们都喜欢西装，它是古典的而且是经典的，我相信它永远不会过时。但美妙的时装也打动人的心弦。中国人一贯以对称为美。刚看到不对称图案的服装，比如说一只袖子镶一块红，另一只上镶一块黑，就不习惯。但看下去也有另一种美感，活跃的跳动的昂奋的动态美。我想这就是形式的革新给我们的启示。我很尊重那些作艺术探索的人们。走得太快的往往不为大众接受，但他们是勇敢的。

现代中国的小说渐渐地与世界融通。我们的经济、政治与世界的联系越来越紧，我们的文学也是这样。假如我们了解一个国家，它的国民生产总值等数字固然是极重要的，但对一般人来讲，它们太抽象太缺少感性体验了。我们提起沙皇俄国，脑子里涌现的是契诃夫、托尔斯泰笔下的人物和景色，我认为那就是实实在在的俄罗斯。马克思曾说巴尔扎克所提供的法国社会的情况超过一切经济学家社会学家所能提供的总和，毛泽东曾说不读《红楼梦》就不能真正了解中国的封建社会，我想指的都是这个意思。外国人了解中国，很大一部分也是通过我们的文学作品。我们没有理由妄自菲薄。

至于文人下海，这是个热门话题。我不喜欢“下海”这个提法，觉得它带着痞气，像青红帮的“切口”。但大家都在用，约定俗成了。我不知下海对于作家来讲，是否就是指“文人经商”。这个提法很含糊，文人假若经商，就不是文人，而是商人。我并不敢鄙薄商人，但也没到崇拜他们的地步。我认为真正的文人是不能经商的。世上有些事可以相得益彰，但有些事不能。比如搞体操和搞相扑，对身体素质的要求就绝不相同。做商人和做文人，对心理素质的要求也有很大的差异。商人谈判要云山雾罩，不能一开始就把实底兜出来。文人则对人需真诚坦率有赤子之心。这两件事同时做，心灵就在两极之中震荡摇摆。我想两件事都需用全力去做，都能做出上乘业绩的人，要算超人。我不知道有哪些杰出的文豪，比如巴尔扎克、雨果或普鲁斯特，同时也是大商人的。

文人面临选择，这是千真万确的。你愿意换个行当试试自己的能力，这没什么不好，但也算不上特别好。你能先富起来，这自然不错。但别人的坐标系假如并不以钱为圆点，大家也就井水不犯河水了。有一位朋友对我说，他挺奇怪，文人基本上是比较穷的。但北京有鲁迅故居、郭沫若故居、老舍故居，怎么就没有给哪个大商人留个故居的？我说，盛唐乃中国古代国力鼎盛的时期，但至今人们提起盛唐，想到的是李白杜甫。那时候肯定不乏百万级千万级的富翁，但历史已将他们湮灭。

我不下海，因为没那个愿望也没那个能力。我以为商人不过是将物质财富在地球上转移来转移去。文人则应创造出属于整个人类的精神精品。在这个创造过程中，寂寞（或许还有贫穷）与他终生相伴。

金丝雪片

我看书喜欢明亮。装修新家的时候，先生主张在书房里悬挂一盏美丽的吊灯，书桌旁再辅以台灯或是地灯。我知道他是好意，但不合我心。我说，书房里完全没有必要装饰繁复的灯具，既花钱又不实用。你一定要买，我就弃权，因为不想为这小事而争执一番。如果你承认这间书房的使用权归我，尊重我的意见的话，请放弃吊灯。屋顶天花板上，仅装一盏功率强大的吸顶灯，发出雪一样白炽的光，照亮书柜中每一本书脊上的书名。至于我的写字台和电脑桌，由我自己来挑选台灯。式样不求，极普通即可，亮度却需狠，铺出一派灿烂的碎银，映照视野。

先生就笑了，说照你这要求配备起来，书房里的照明有几百瓦了。听听你对光线的这份渴求，好像你已经垂垂老矣，患上了重度的白内障。

我也纳闷起来，按说我的视力还不错，可以连续看几个小时的书而不觉疲劳，何以对光线这般挑剔？思来想去，终于掘出了久远的理由。

那时我年轻，在西藏当兵。大雪封山的日子，漫长的时光使人分不清是远古还是现代。我把周围所有人的书都借了来，从书页中间被老鼠咬出了贯通伤的《聊斋》到色彩斑斓的色盲普查表，一一细细研读。我喜欢穿着绒衣绒裤外套棉衣棉裤，脚蹬大头毡鞋，中午时分暖暖和和地坐在旷野中（从宿舍推门走出，十步之外就是荒原了），在高原的阳光下读书。稀薄的空气最大限度地保存了阳光锐利的金色，照射到书页上，平凡的纸张化作了金箔，在山风的呼啸中闪动着诡异的光泽。书是有限的，我读得很慢很慢，生怕读完了再无书看。那些字经过阳光长久的烘烤，微微的热辣，纸面上流动起了雾霭般的岚气。一些笔画变粗了，像树根的须毛扎入纸内。另有一些笔画纤细得如同折断，好似支撑不起整个字体的重量，字就恍惚着，变成喝醉了酒的单腿精灵。

老医生走过来用手遮住书说，你这样读下去，会得雪盲。我说，雪盲不是看雪才会得的吗？我看的是书啊。老医生说，高原阳光下的纸片如同雪花，莹白反光，长时间的注视，会灼伤你双眼的视网膜。

我知道他说的不错，那些舞蹈着的字就是明证了。我只好恋恋不舍地把椅子搬回宿舍，在幽暗的石头砌起的屋内重新读书。复读那一瞬，书上的字都变长了，成为翠绿。

我依然喜欢在无人干涉的时候，到旷野中读书。我喜欢比照书中的人物，比如《聊斋》中的狐狸精在阳光下出没，有一种古今相搏的快感。我喜欢那种微醺于阳光和书页的双重迷醉，好像非如此便不得其中的真谛。也记得保护自己的眼睛，读得累了，会“啪”地落下眼皮，像展开一床柔软的被子，盖住我被阳光烤软的瞳孔。微仰着脸，眼前的世界变得像旗帜一般鲜红，甚至可以看清一个个鲜艳的血球，熙熙攘攘地走向拱桥一般的虹膜……

先生尊重了我的选择，书房被节能灯映照得雪洞一般。可惜再亮的灯光也无法比拟高原的太阳，往日由金丝和雪片的经纬织起的书锦，只存下褴褛的丝绦。

阅读是一种孤独

阅读的感觉难以比拟。

它有些像吃。对于头脑来说，渴望阅读的时刻必定虚怀若谷。假如脑袋装得满满当当，不断溢出香槟酒一样的泡沫，不论这泡沫是泛着金黄的铜彩还是热恋的粉红，都不宜于阅读，尤其是阅读名著。

头脑需嗷嗷待哺，像荒原上觅食的狼。人越是年轻的时候，越是贪吃。随着年龄的增长，我们吃得渐渐地少了，但要求渐渐地精了。我们知道了什么于我们有益，什么于我们无补。我们不必像小的时候，总要把整碗面都吃光，才知道碗底下并没有卧着个鸡蛋。我们以为是碗欺骗了我们，其实是缺少经验。有许多长寿的人，你问他常吃什么食品，他们回答说：什么都吃，并无特殊的禁忌。但有许多东西他们只尝一口，就尖锐地判断出成色。我想寿星老的胃一定都是很坚强的，只有一个坚强的胃才能养活得了一个聪明的脑。读书也是一样，好的书，是人参燕窝熊掌，人生若不大快朵颐，岂不白在世上潇洒走过一回？坏的书，是腐肉砒霜氰化物，浪费了时间贻误了性命。关于读什么书好的问题，要多听老年人的意见，他们是有经验的水手。也许在航道的选择上有趋于保守的看法，但他们对风暴的预测绝对准确。名著一般多是经过了许多年代的考验，是被大师们的智慧之磨研磨了无数遭的精品。读的时候，像烈火烹油的满汉全席，为大家享乐。

它有些像睡。我小的时候，当我忧愁，当我病痛，当我莫名其妙烦躁的时候，妈妈总是摸着我的头说，去睡吧。睡一觉也许就好了。睡眠中真的蕴藏着奇妙的物质，起床的时候我们比躺下时信心倍增。阅读是一种精神的按摩，在书页中你嗅得见悲剧的泪痕，摸得着喜剧的笑靥，可以看清智者额头的皱纹，不敢碰撞勇士鲜血淋淋的创口……当合上书的时候，你一下子苍老又顿时年轻。菲薄的纸页和人所共知的文字只是由于排列的不同，就使人的灵魂和它发生共振，为精神增添了新的钙质。当我们读完名著的最后一个字时，仿佛从酣然梦幻中醒来，重又生机盎然。

它有些像搏斗。阅读的时候，我们不断同书的作者争辩。我们极力想寻出破绽，作者则千方百计把读者柔软的思绪纳入他的模具。在这种智力的角斗中，我们往往败下阵来，但思维的力度却在争执中强硬了翅膀。

在读名著的时候，我常常在看上一页的时候，揣测下一页的趋势。

它们经常同我的想象悬殊甚远。这时候我会很高兴，知道自己碰上了武林中的高手。大师们的著作像某一流派掌门人的秘籍，记载着绝世的功法。细细研读，琢磨他们的一招一式，会在潜移默化中悟出不可言传的韵律。只是江湖上的口诀多藏之深山传之密室，各个学科大师们的真迹却是唾手而得。由于它的廉价和平凡，人们常常忽视了它的价值。那是古往今来人类最智慧的大脑留给我们的结晶啊！

我一次次在先哲们辉煌的思辨与精湛的匠艺面前顶礼膜拜，我一次次在无与伦比的语言搭配之下惊诧莫名……我战胜自己的怯懦不断地阅读它们，勇敢地从匍匐中站起。我知道大师们在高远的天际微笑着注视着后人，他们虽然灿烂却已经凝固。他们是秒表上固定了的纪录，是一根不再升高的横杆。今人虽然黯淡，但我们年轻。作为阅读者，我们还处在生命的不断蜕变之中，蛹里可能飞出美丽的天鹅。在阅读中，我们被征服。我们在较量中蓬勃了自身，迸发出从未有过的力量。

阅读是一种孤独。几个人共看一本书，那只是在极小的时候争抢连环画。它同看电影看录像听音乐会是那样的不同。前者是一块巨大的生日蛋糕可以美味地共享，后者只是孤灯下的一盏清茶，只可独啜，倾听一个遥远的灵魂对你一个人的窃窃私语。他在不同的时间对不同的人说过同样的话，但你此时只感觉他在为你而歌唱。如果你不听，他也不会恼，只会无声地从书页里渗出悲悯的叹息。你啪地合上书，就把一代先哲幽禁在里面。但你忍不住又要打开它，穿越历史的灰尘与他对话。

阅读名著不可以在太快乐的时光。人们在幸福的时候往往读不进书。快乐是一团粉红色的烟雾，易使我们的眼睛近视。名著里很少有恭维幸运的话语，它们更多是苦难之蚌分泌的珍珠。

阅读名著也不可在太富余的时刻。阅读其实是思索的体操，富余的膏脂太多时，脑子转动得就慢了。名著多半是智者饿着肚子时写成的，过饱者是不大读得懂饥饿的文字的。真正的阅读，可以发生在喧嚣的人海，也可以坐落在冷峻的沙漠。可以在灯红酒绿的闹市，也可以在月影婆娑的海岛。无论周围有多少双眼睛，无论分贝达到怎样的嘈杂，真正的阅读注定孤独。那是一颗心灵对另一颗心灵单独的捶击，那是已经成仙的老爷爷特地为你讲的故事。

火车内外的风景

与一位经济学家聊天。他说，我以前是很喜好文学的，看过很多世界名著。但是，我已经很长时间不看任何文学刊物了，现在的小说不好看。你能告知我，好的小说家都干什么去了呢？

我说，依你这话，好像有一些天生的好小说家，躲在什么地方，等着人们去把他挖掘出来，仿佛多年的老山参似的。

他笑了，说，不管怎么样，文学家和经济学家是很不同的。

我说，愿听其详。

他说，整个社会就好像是一列火车。经济学家考虑的就是火车怎样开着更快，又不致颠覆。比如效率和公平，如同两根肋骨，对立着，缺了谁也不行，是支撑也是矛盾。当我们太强调公平的时候，就牺牲了效率。但是，如果社会的冲突太尖锐了，就会引起混乱……经济学家是最讲平衡的。

我说，我同意你这个有趣的比喻。但是，有一点我想和你澄清一下有关概念。那就是我们的这列火车，它是什么样的车呢？

经济学家说，这有什么特别重要的意义吗？总之就是一列火车罢了，有车头和车厢。高速的火车，现代的火车。坐满了人，很拥挤，在前无古人的路上运行着。

我说，原谅我，我是女人，又是搞形象思维的，所以我习惯具体化。火车和火车，当然是不一样的。我在国外坐过那种很先进的火车，速度之快先不说，单是那份舒适，就令人流连忘返。还有便捷与豪华，座椅旁有电脑上网的插孔，车厢顶部是全玻璃幕的，看得见星斗和云霞。列车夜晚在旷野上行进，宛然一尾发光的炮弹壳。我也坐过中国东北和西南那种恨不能每五分钟就停一站的慢车，整个车厢都弥漫着多年粪便沤积出的“阿摩尼亚”气，其浓烈程度几乎可令一个中度昏迷的人骤然清醒。地上的瓜子皮或是甘蔗渣能没过脚面，人与人摩肩接踵，只有置身在那种氛围里，你才能深刻地体验到什么是——“血肉筑成的长城”……

经济学家打断了我，说，咱们的车，当然不是那种苦难陈旧的列车了，是新的车，基本上是夕发朝至的那种类型。

我说，太优越了点吧？你我乘坐的这列火车可没法夕发朝至，路漫漫其修远兮啊。话说到这里，我猛地想起一个极要紧的问题，忙着追问：有卧铺吗？

这很重要吗？朋友对我的穷追猛打有点烦了。

当然了。把整个国家比作一列列车，又是昼夜兼程万里迢迢的，一个人是坐着还是躺着，这几乎是头等重要的事了。我不依不饶。

朋友苦笑道，好了，我们就定下来，这列车上有一部分人是坐着，有一部分人是躺着。坐着的多，躺着的少。

我说，这就比较符合当前实际情况。

轮到朋友反攻，他说，我特别想知道的就是——当列车行进的时候，文学家在哪里呢？

我说，我个人可没资格判断文学家如何如何。我只是这个庞大古老的行业中的一个从业人员。依我粗浅了解，斗胆推断，当列车行进的时候，文学家也是在这列火车上的。他们中的绝大多数，肯定不是在车下，骑着毛驴或是躺在草丛中。

经济学家说，好吧，我相信文学家的大多数在车上。只是，他们在做什么呢？

我说，在看风景。看车窗外的风景和车窗内的百态。车子平稳运行的时候，他们也会欣赏音乐，但是通常不会打盹。也许会常常到餐车看看，民以食为天嘛。当然了，如果餐车座位太拥挤或是菜肴太贵，就只有待在自己的硬座席上，乖乖地等着吃盒饭。他们不会太好脾气，如果送的饭质次价高或是不卫生不新鲜，没准会大声叫屈。车子开得太快，车身剧烈颠簸的时候，他们会发出呼唤和抗议，那不仅是他们自己感到很不舒服了，更是听到车上的妇孺病残呻吟，以期引起整个人群的关注。日出或是日落的时候，窗外的风光格外美丽，他们会痴痴地趴在窗户上，看人类亘古不变的景色，想一些和速度之类无关的问题。入夜以后，也许整列火车上的绝大部分人都睡着了，但是他们不睡。不是忧国忧民，而是自己神经衰弱，睡不着觉。这种时刻，他们虽在人群中，却是异常的孤独，许久许久，他们在迷惘与思索中蒙眬睡去。突然听到有人啼哭，他们会披衣起身，来到那个老媪或是孤儿身边，倾听他们的故事，或许还会流下眼泪。当黎明到来的时候，他们就下了决心，把这个故事写下来……还有很多的时间，文学家也在为自家的事操心，比如屋子和孩子，比如职称和金钱，当然了，还有文人最常见的感情纠葛。

经济学家点点头说，好了，我大致知道文学家在车上会做些什么了，但是，你想过没有，文学家要站到车头上去，看司机怎样执掌方向，看司炉怎样添煤烧水，听呼啸的风声，看弥漫的大雾。

我说，文学家通常是在想象和判断中，完成这些工作的。对于一个社会来说，强者的声音总是响亮的。而弱者，那些卑微和细碎的生命的权利，容易被忽视和淡忘。但整个人类的质量，是一个整体。记得看过一种团队的比赛，并不是以第一名到达目的地的时间来决胜负，而是以最后一名的到达时间为整个团体的成绩。文学家的目光，因此会永远特别地眷顾那些平凡如草的生命。

那天和经济学家朋友的谈话，只是私人之间的闲谈。两人都是各自职业中的沧海一粟，谈的自然是一孔之见。冲撞和交锋，使我发现了职业的差异是如此的显著。

欢迎文学家到车头来。经济学家的朋友这样说。

行进的列车上，总要有人看车窗内外的风景。我说。

我对生命悲观，但不厌倦生活

第一个问题：对生活，你有没有产生过厌倦的情绪?

说心里话，我是一个从本质上对生命持悲观态度的人，但对生活，基本上没产生过厌倦情绪。这好像是矛盾的两极，骨子里其实相通。

也许因为青年时代，在对世界的感知还混混沌沌的时候，我就毫无准备地抵达了海拔五千米的藏北高原。猝不及防中，灵魂经历了大的恐惧，大的悲哀。平定之后，也就有了对一般厌倦的定力。面对穷凶极恶的高寒缺氧，无穷无尽的冰川雪岭，你无法抗拒人是多么渺弱，生命是多么孤单这副铁枷。你有一千种可能性会死，比如雪崩，比如坠崖，比如高原肺水肿，比如急性心力衰竭，比如战死疆场，比如车祸枪伤……但你却在苦难的夹缝当中，仍然完整地活着。而且，只要你不打算立即结束自己就得继续活下去。

愁云惨淡畏畏缩缩的是活，昂扬快乐兴致勃勃的也是活。我盘算了一下，权衡利弊，觉得还是取后种活法比较适宜。不单是自我感觉稍愉快，而且让他人（起码是父母）也较为安宁。就像得过了剧烈的水痘，对类似的疾病就有了抗体，从那以后，一般的颓丧就无法击倒我了。我明白日常生活的核心，其实是如何善待每人仅此一次的生命。如果你珍惜生命，就不必因为小的苦恼而厌倦生活。因为泥沙俱下并不完美的生活，正是组成宝贵生命的原材料。

第二个问题：对自己的才能有没有过怀疑或是绝望？

我是一个“泛才能论”者——即认为每个人都必有自己独特的才能，赞成李白所说的“天生我材必有用”。只是这才能到底是什么，没人事先向我们交底，大家都蒙在鼓里。本人不一定清楚，家人朋友也未必明晰，全靠仔细寻找加上运气。有的人可能一下子就找到了；有的人费时一世一生；还有的人，干脆终身在暗中摸索，不得所终。

飞速发展的现代科技，为我们提供了越来越多施展才能的领域。例如爱好音乐、爱好写作……都是比较传统的项目，热爱电脑、热爱基因工程……则是近若干年才开发出来的新领域。有时想，擅长操作计算机的才能，以前必定也悄悄存在着，但世上没这物件时，具有此类本领潜质的人，只好委屈地干着别的行当。他若是去学画画，技巧不一定高，就痛苦万分，觉得自己不成才。比尔·盖茨先生若是生长在唐代，整个就算瞎了一代英雄。所以，寻找才能是一项相当艰巨重大的工程，切莫等闲。

人们通常把爱好当作才能，一般说来两相符合的概率很高，但并不像克隆羊那样惟妙惟肖。爱好这个东西，有的时候很能迷惑人。一门心思凭它引路，也会害人不浅。有时你爱的恰好是你所不具备特长的东西，就像病人热爱健康，矮个儿渴望长高一样。因为不具备，所以就更爱得痴迷，九死不悔。我判断人对自己的才能，产生深度的怀疑以至绝望，多半产生于这种“爱好不当”的旋涡之中。因此在大的怀疑和绝望之前，不妨先静下心来，冷静客观地分析一下，考察一下自己的才能，真正投影于何方。评估关头，最好先安稳地睡一觉，半夜时分醒来，万籁俱寂时，摒弃世俗和金钱的阴影，纯粹从人的天性出发，充满快乐地想一想。

为什么一定要强调充满快乐地去想呢？我以为，真正令才能充分发育的土壤，应该同时是我们分泌快乐的源泉。

第三个问题：你是怎样度过人生的低潮期的？

安静地等待。好好睡觉，像一只冬眠的熊。锻炼身体，坚信无论是承受更深的低潮或是迎接高潮，好的体魄都用得着。和知心的朋友谈天，基本上不发牢骚，主要是回忆快乐的时光。多读书，看一些传记。一来增长知识，顺带还可瞧瞧别人倒霉的时候是怎么挺过去的。趁机做家务，把平时忙碌顾不上的活儿都抓此时干完。

柳枝骨折

学医时，教授拿一枝柳枝进教室。嫩绿的枝条上，萌着鹅黄的叶，好似凤眼初醒的样子。严谨的先生“啪”地折断了柳枝，断茬儿锐利，只留青皮褴褛地连缀着，溅出一堂苦苦的气息。教授说，今天我们讲人体的“柳枝骨折”。说的是此刻骨虽断，却还和整体有着千丝万缕的联系。医生的职责，就是把断骨接起来，需要格外的冷静，格外的耐心……

多年后，偶到大兴安岭。苍莽林海中，老猎人告诉我，如果迷了路，就去找柳树。

我问为什么？他说，春天柳树最先绿，秋天它最后黄。有柳的地方必有活水，水往山外流，你跟着它，就会找回家。

一位女友向我哭诉她的不幸，说家该纯洁，家该祥和。眼前这一切都濒临崩塌，她想快刀斩乱麻，可孩子小……

我知她家并非恩断义绝，就讲起了柳枝骨折。植物都可凭着生命的本能，愈合惨痛的伤口，我们也可更顽强更细致地尝试修整家的破损。

女友迟疑说，现代的东西，不破都要扔，连筷子都变成一次性的……何况当初海誓山盟如今千疮百孔的家！

我说，家是活的，会得病也会康复。既然高超的仪器会失灵；凌飞的火箭会爆炸；精密的计算机会染病毒；蔚蓝的天空会“厄尔尼诺”；婚姻当然也可骨折。

一对男女走入婚姻的时候，就是共同种下了一棵柳树，期待绿荫如盖。他们携手造了一件独一无二的产品——他们的家。需承诺为其保修，期限是整整一生。

柳树生虫。当家遭遇危机的时候，修补是比丢弃更烦琐艰巨的工程。有多少痛苦中的人们嫌了烦，索性扔下断了的柳枝，另筑新巢。这当然也是一种选择，如同伤臂截肢。但如果这家中还有孩子，那就如同缕缕连缀的青色柳丝，还需三思而后行！

女友听了我的话，半信半疑道，缝缝补补恢复起来的家，还能牢靠吗？

我说，当年的课堂上，我们也曾问过教授，柳枝骨折长好后，当再次遭受重大压力和撞击的时候，会不会在原位爆开，鲜血横流？

教授微笑着回答，樵夫上山砍柴，都知道斧刃最难劈入的树瘤，恰是当年树木折断后愈合的地方。

每天都冒一点险

“衰老很重要的标志，就是求稳怕变。所以，你想保持年轻吗？你希望自己有活力吗？你期待着清晨能在对新生活的憧憬中醒来吗？有一个好办法啊——每天都冒一点险。”

以上这段话，见于一本国外的心理学小册子。像给某种青春大力丸做广告。本待一笑了之，但结尾的那句话吸引了我——每天都冒一点险。

“险”有灾难狠毒之意。如果把它比成一种处境一种状态，你说是现代碰到它的时候多呢，还是古代甚至原始时代碰到它的多呢？粗粗一想，好像是古代多吧？茹毛饮血刀耕火种的，危机四伏。细一想，不一定。那时的险多属自然灾害，虽然凶残，但比较单纯。现代了，天然险这种东西，也跟热带雨林似的，快速稀少，人工险增多，险种也丰富多了。以前可能被老虎毒蛇害掉，如今是坠机车祸失业污染所伤。以前是躲避危险，现代人多了越是艰险越向前的嗜好。住在城市里，反倒因为无险可冒而焦虑不安。一些商家，就制出“险”来售卖，明码标价。比如“蹦极”这事，实在挺惊险的，要花不少钱，算高消费了。且不是人人享用得了的，像我等体重超标，一旦那绳索不够结实，就不是冒一点险，而是从此再也用不着冒险了。

穷人的险多呢，还是富人的险多呢？粗一想，肯定是穷人的险多，爬高上低烟熏火燎的，恶劣的工作多是穷人在操作，就是明证。但富人钱多了，去买险来冒，比如投资或是赌博，输了跳楼饮弹，也扩大了风险的范畴。就不好说谁的险更多一些了。看来，险可以分大小，却是不宜分穷富的。

险是不是可以分好坏呢？什么是好的冒险呢？带来客观的利益吗？对人类的发展有潜在的好处吗？坏的冒险又是什么呢？损人利己夺命天涯？

嗨！说远了。我等凡人，还是回归到普通的日常小险上来吧。

每天都冒一点险，让人不由自主地兴奋和跃跃欲试，有一种新鲜的挑战性。我给自己立下的冒险范畴是：以前没干过的事，试一试。当然了，以不犯法为前提。以前没吃过的东西尝一尝，条件是不能太贵，且非国家保护动物（有点自作多情。不出大价钱，吃到的定是平常物）。

即有蠢蠢欲动之感。可惜因眼下在北师大读书，冒险的半径范围较有限。清晨等车时，悲哀地想到，“险”像金戒指，招摇而靡费。比如到西藏，可算是大众认可的冒险之举，走一趟，费用可观。又一想，早年我去那儿，一文没花，还给每月六元的津贴，因是女兵，还外加七角五分钱的卫生费。真是占了大便宜。

车来了。在车门下挤得东倒西歪之时，突然想起另一路公共汽车，也可转乘到校，只是我从来不曾试过这种走法，今天就冒一次险吧。于是拧身退出，放弃这路车，换了一趟新路线。七绕八拐，挤得更甚，费时更多，气喘吁吁地在差一分钟就迟到的当儿，撞进了教室。

不悔。改变让我有了口渴般的紧迫感。一路连跑带颠儿的，心跳增速，碰了人不停地说对不起，嘴巴也多张合了若干次。

今天的冒险任务算是完成了。变换上学的路线，是一种物美价廉的冒险方式，但我决定仅用这一次，原因是无趣。

第二天冒险生涯的尝试是在饭桌上。平常三五同学合伙吃午饭，AA制，各点一菜，盘子们会聚一堂，其乐融融。我通常点鱼香肉丝辣子鸡丁类，被同学们讥为“全中国的乡镇干部都是这种吃法”。这天凭着巧舌如簧的菜单，要了一份“柳芽迎春”，端上来一看，是柳树叶炒鸡蛋。叶脉宽得如同观音净瓶里洒水的树枝，还叫柳芽，真够谦虚了。好在碟中绿黄杂糅，略带苦气，味道尚好。

第三天的冒险颇费思索。最后决定穿一件宝石蓝色的连衣裙去上课。要说这算什么冒险啊，也不是樱桃红或是帝王黄色，蓝色老少咸宜，有什么穿不出去的？怕的是这连衣裙有一条黑色的领带，好似起锚的水兵。衣服是朋友所送，始终不敢穿的症结正因领带。它是活扣，可以解下。为了实践冒险计划，铆足了勇气，我打着领带去远航。浑身的不自在啊，好像满街筒子的人都在端详议论。仿佛在说：这位大妈是不是有毛病啊，把礼仪小姐的职业装穿出来了？极想躲进路边公厕，一把揪下领带，然后气定神闲地走出来。为了自己的冒险计划，咬着牙坚持了下来。走进教室的时候，同学友好地喝彩，老师说，哦，毕淑敏，这是我自认识你以来，你穿的最美丽的一件衣裳。

三天过后，检点冒险生涯，感觉自己的胆子比以往大了一点。有很多的束缚，不在他人手里，而在自己心中。别人看来微不足道的一件事，在本人，也许已构成了茧鞘般的裹胁。突破是一个过程，首先经历心智的拘禁；继之是行动的惶惑；最后刈割蓬松的喜悦。

爱的回音壁

现今中年以下的夫妻，大多只有一个孩子，关爱之心，大概达到中国有史以来的最高值。家的感情像个苹果，兄弟姐妹多了，就会分成好几瓣。若是千亩一苗，孩子在父母的乾坤里，便独步天下了。

在前所未有的爱意中浸泡的孩子，是否物有所值，感到莫大幸福？我好奇地问过。孩子们撇嘴说，不，没觉着谁爱我们。

我大惊，循循善诱道，你看，妈妈工作那么忙，还要给你洗衣做饭，爸爸在外面挣钱养家，多不容易！他们多么爱你们啊……

孩子们很漠然地说，那算什么呀！谁让他们当了爸爸妈妈呢？也不能白当啊，他们应该的。我以后做了爸爸妈妈也会这样。这难道就是爱吗？爱也太平常了！

我震住了。一个不懂得爱的孩子，就像不会呼吸的鱼，出了家族的水箱，在干燥的社会上，他不爱人，也不自爱，必将焦渴而死。

可是，你怎让由你一手哺育长大的孩子，懂得什么是爱呢？从他眼睛接受第一缕光线时，已被无微不至的呵护包绕，早已对关照体贴熟视无睹。生物学上有一条规律，当某种物质过于浓烈时，感觉迅速迟钝麻痹。

如果把爱定位于关怀，随着孩子年龄的增长，对他的看顾渐次减少，孩子就会抱怨爱的衰减。“爱就是照料”这个简陋的命题，把许多成人和孩子一同领入误区。

寒霜陡降也能使人感悟幸福，比如父母离异或是早逝。但它是灾变的副产品，带着天力人力难违的僵冷。孩子虽然在追忆中，明白了什么是被爱，那却是一间正常人家不愿走进的课堂。

孩子降生人间，原应一手承接爱的乳汁，一手播撒爱的甘霖，爱是一本收支平衡的账簿。可惜从一开始，成人就间不容发地倾注了所有爱的储备，劈头盖脸砸下，把孩子的一只手塞得太满。全是收入，没有支出，爱沉淀着，淤积着，从神奇化为腐朽，反让孩子成了无法感知爱意的精神残疾。

我又问一群孩子，那你们什么时候感到别人是爱你的呢？

没指望得到像样的回答。一个成人界都争执不休的问题，孩子能懂多少？比如你问一位热恋中的女人，何时感觉被男友所爱？回答一定光怪陆离。

没想到孩子的答案晴朗坚定。

我帮妈妈买醋来着。她看我没打了瓶子，也没洒了醋，就说，闺女能帮妈干活了……我特高兴，从那会儿，我知道她是爱我的。翘翘辫女孩说。

我爸下班回来，我给他倒了一杯水，因为我们刚在幼儿园里学了一首歌，词里说的是给妈妈倒水，可我妈还没回来呢，我就先给我爸倒了。我爸只说了一句，好儿子……就流泪了。从那次起，我知道他是爱我的。光头小男孩说。

我给我奶奶耳朵上夹了一朵花，要是别人，她才不让呢，马上就得揪下来。可我插的，她一直戴着，见着人就说，看，这是我孙女打扮我呢……我知道她最爱我了……另一个女孩说。

我大大地惊异了。讶然这些事的碎小和孩子们铁的逻辑。更感动他们谈论时的郑重神气和结论的斩钉截铁。爱与被爱高度简化了，统一了。孩子在被他人需要时，感觉到了一个幼小生命的意义。成人注视并强调了这种价值，他们就感悟到深深的爱意。在尝试给予的同时，他们懂得了什么是接受。爱是一面辽阔光滑的回音壁，微小的爱意反复回响着，折射着，变成巨大的轰鸣。当付出的爱被隆重地接受并珍藏时，孩子终于强烈地感觉到了被爱的尊贵与神圣。

被太多的爱压得麻木，腾不出左手的孩子，只得用右手，完成给予和领悟爱的双重任务。

天下的父母，如果你爱孩子，一定让他从力所能及的时候，开始爱你和周围的人。这绝非成人的自私，而是为孩子一世着想的远见。不要抱怨孩子天生无爱，爱与被爱是铁杵成针、百年树人的本领，就像走路一样，需反复练习，才会举步如飞。

如果把孩子在无边无际的爱里泡得口眼翻白，早早剥夺了他感知爱的能力，育出一个爱的低能儿，即使不算弥天大错，也是成人权利的滥施，或许要遭天谴的。

在爱中领略被爱，会有加倍的丰收。孩子渐渐长大，一个爱自己爱世界爱人类也爱自然的青年，便喷薄欲出了。

仇人的显微镜

人一生，会听到很多评价和意见，你不想听也不行。意见的来源，是个有趣的问题。

说到意见的来源，最简单的可以分成两大类。一大类来自爱你的人，因为希望你进步，希望你好，希望你幸福，所以他们会指出你的不足。通常我们对这类意见，要么是重视过度，要么是过度地不重视。前者是因为亲人在我们眼中就是人间的上帝，句句是真理。后者也因为和凡间的上帝相处得太久了，反倒觉得老生常谈，把它当成了耳旁风。还有一大类意见，来自恨你的人。我说的这个“恨”，不是血海深仇，不是国恨家仇。在此文中，它统指对你印象不好的人，和你不对的人，和你有过节巴望着你倒霉的人。按时下年轻人的话讲，就是和你相克，也许是血型不符，也许是星座不合。那些和你暗中戗着茬儿的龌龊人，恕我简称为你的“仇人”。

对待“仇人”的意见，有一句很经典的话，叫作“走自己的路，让别人说去吧”。这虽是一剂良药，但缺点是起效较慢。很多人试验过这法，有时好几个月甚至好几年之后，才能渐渐在想起“仇人”们的冷语时，心境淡然。还有一个前提——你已经找到了一条路，正在走着，方向感明确，有主心骨，步履轻快。说这话的时候底气才较充足。倘若正在彷徨和苦闷中，雨雾迷蒙，路还不知在何方，或者干脆在路边崴了脚或被野兽啃伤了，创口流着血，那这句经典就稍嫌隔靴搔痒，有点近似精神胜利法了。

面对“仇人”的攻伐，如何是好？

“仇人”的话，杀伤力之所以大，是因为那其中常常是有几分真实的。完全的谎话，其实倒并不可怕，因为除了极为弱智的人，一般都可识破。古语说“谣言止于智者”，现在资讯发达，人也吃了很多深海鱼油，智者可能比古时还要多些，所以对完全胡说八道的东西倒不必太过担心。如果仇人的话，是完全的真实，我看是应该感激的，请你低下自己的头。这不是认输或是领认了侮辱，而是真心实意地表达对真实的敬畏。只要他说得对，不必介意他的人品，只需看重他的意见。仇人的真知灼见，也许会让你因此得到终生受用的教诲，他在无意中就送了一个大礼给你，他就成了你的恩人。这就是很多人常常说，我最感激的是那些侮辱攻击放弃我的人，他们让我懂得了如何做人，才有了今天的成就云云……每逢我听到这种话，总觉得略微矫情了些。我不会感谢那些本来想侮辱我的人，他们不应该因为仇视和狭隘受到感激。仇恨和狭隘，常常是可以置人于死地的，你没有死，是因为你救了自己。你应该感谢的只有一个人，那就是你自己啊。

即使你从仇人喷涌而来的污泥浊水中，荡涤出了金沙，你也可以依然保持你的仇恨，如同保持你脊骨的硬度，但这并不妨碍你思忖他们的意见。因为只有仇人，才会深深研究你的要害。因为他恨你，所以他就时刻盯着你，对你观察得格外细致，思索得格外刻毒。试想一下，如果我们用显微镜看事物，那普天之下，就没有一处洁净的地方了，到处都是繁殖的细菌，蠕动的螨虫……

然而，依然有阳光。

你的“仇人”，就是瞄准你的显微镜。

谁是你的支持系统

那天我回到家中，面对着先生拿出一张白纸。然后对他说，在纸的上边，请写下“我的支持系统”这几个字，在纸的左边，请写下“人物的称谓或姓名”，在纸的右边，请写下“与我的关系”。好了，开始吧，尽快，不假思索。你要知道，所有的心理测验都烦再三斟酌。

他笑眯眯地看着我说，你今天又学习到了什么新知识，想在我这里做个试验？

我说，你猜得很准嘛。好吧，听我慢慢说个分明。

我们每个人都有一个支持系统，就像一个好汉三个帮，一个篱笆三个桩。比如说，柱子是宫殿的支持系统，双脚是身体的支持系统，绿叶是花朵的支持系统，桥墩是高架桥的支持系统……一个人，在世界上行走，没有好的支持系统是不能持久的。

它是我们闯荡江湖的根据地，它是我们长途跋涉的兵站。当我们疲倦的时候，可以在那里的草丛栖息。当我们忧郁的时候，可以在那里的小屋倾诉。当我们受到委屈的时候，可以在那里的谅解中洒下一串泪珠。当我们快乐的时候，可以在那里的相知中聊发少年之狂……

这种精神的疗养生息之地，你有多少储备？

先生是个缜密的人，他说，既然你已做完了这道测验，不妨把你的讲来听听。

我说，好啊。我告诉你。

我最先写下了我的母亲……

于是，忆起那天的课堂。

静寂。这是心理测验常常出现的情形。人们在想。片刻之后，有人就唰唰地动起笔来。这种事情，一旦有人开了头，谁都顾不了谁了。同学们埋头去写，然后分成小组，描述自己的支持系统。基本上包括这样几类——家人、亲属、同学、师长……

有同学说：我飞快地检视了自己业已走过的人生，我为自己多年来储备下的丰厚资源而欣慰和思考。我对自己的今后更有了把握和信心。我的支持系统是，从我幼年的朋友到最新的职业同事。他们涵盖了我的历程，好似风暴过后海滩上遗下的贝壳。那是经历了考验的生命的礼品。

有一位同学的支持系统是一片空白。他坦诚地说，我的支持系统就是没有一个人。我是自己支持自己，是思想支持着我。也许，这是因为“文革”中有人告密，使我不需要知心的人。

不管怎么说，我钦佩这位同学的坦率。有的人在这种时候，不敢暴露自己，明明没有，但他随便填上几个名字，把自己凄凉的真实隐藏起来。但是，你要想一想，为什么自己的支持系统是空白呢？再有，如果有的同学全部填写的是家庭成员，那也是不够完备的。如果一个中学生，他的支持系统也都是同龄人，那么，很容易出现瞎子领瞎子的情况。要引起辅导员的高度注意。支持系统的性别单一化，也是不理想的。理想的支持系统应该是两性都有。

谁毁灭谁

我很爱看小孩子玩电子游戏，看他们沉浸在想象与参与的快乐中，星眼圆睁，十指联动，小小的身体在椅子上左右腾挪，俨然一场恢宏战役的领袖。

我的侄子才十二岁，已在市里的计算机比赛中多次获奖，他很乐意在电子游戏方面做我的启蒙老师，讲解有关知识，态度和蔼，诲人不倦。

有一天我看到他玩游戏时，屏幕上不时红光灿烂，花瓣状的绯红，像原子弹的蘑菇烟云，弥漫整个视野……不由赞叹道：好漂亮的玫瑰花啊！

啥？玫瑰花？

小侄儿不屑地对我撇嘴，悲悯我的少见多怪。

那不是花，是喷溅出来的人血。是我用电锯锯出来的，好过瘾，好开心啊……恰逢屏幕上血光冲天，小侄儿乐得手舞足蹈起来。

我心一沉，随手拖来一把椅子，坐在侄子身边，看他如醉如痴地玩这款名为“毁灭战士”的游戏。

那游戏的内涵并不复杂，只是无穷无尽的巷道，不时从隐蔽处蹿出面目朦胧的“敌人”，你只需利用手中的武器，将对方消灭即可。武器有许多种，比如冲锋枪、激光炮、炸药包等。依我的粗浅观察，威力都比电锯要强大，尤其适合远距离作战。但小侄儿对传统的电锯情有独钟，当游戏刚开始，尚未找到电锯装备自己时，急得抓耳挠腮，犹如没有寻着金箍棒的孙猴头。一旦电锯到手，便高举此宝，所向披靡地冲杀过去，遗下一路血泊。

我不解，问：那么多的厉害兵器，你为什么废弃百家，独尊电锯？

战斗正值酣处，小侄儿来不及细答，激动地抛给我几个字：电锯痛快！

我穷追不舍，缠着要他详作说明，小侄儿叹了一口气说：你这个婶婶啊，怎么这么笨！用激光炮射死一个人和用电锯把人卸成八块，那痛快劲能一样吗？

我大骇，逼他把事情讲得更明白些。小侄儿只好忍痛割爱，暂停游戏，调出几幅图像，与我现身说法。

喏，婶婶，你看这是用激光杀人，手指头这么一按，“轰”的一声，敌人就化成一团烟，什么都没有了。虽说你能继续向前，可是多没意思啊！

用电锯那就大不一样了。它“咔吧”一响，风一样地锯过去，你就觉得自己特威风，特带劲，特有成就感，过瘾极了……小侄儿连说带比画，调出一幅图像：一排肉铺挂猪头的钢钩上，颤巍巍悬挂着些支离破碎的物件。

这是什么？我老眼昏花，一时看不清楚，问道。

这就是用电锯锯开的人啊！喏，这是一条大腿，这边是半截胳膊，最右侧挂的是人肚子下的半截……小侄儿沉着地以光标为笔，在银屏上流利地滑动着，耐心地为我讲解。

我用手术刀解剖过许多真正的尸体，但这一瞬，我在模拟的并不非常真切的图像面前，战栗不止。

你用电锯把他们杀死，可他们究竟是谁！我问小侄儿。

他们到底是谁，那要看我玩游戏时的心情了。侄子到底是小孩，并未发现我的恐惧与震怒，依旧兴趣盎然地说下去：要是哪天老师批评了我，我用电锯杀人时想的对方就是老师。要是同学跟我吵架，我想杀的就是同学。要是我想买一个东西，我妈不给我买，我就假装对方是我妈。要是我爸因为我考试成绩不好，不给我卷子上签字，我就把电锯对准他……婶婶，你怎么啦？脸色为什么这么难看？侄子不知所措地停止了传授。

责任不在他。我竭力控制住情绪，力求音色平稳地说：就因为这么丁点儿小事，你就起了用电锯杀人的念头吗？

小侄儿愣了一下突然笑起来说，这个游戏就叫“毁灭战士”，它的规矩就是看到什么就毁灭什么，毁灭就是一切，不需要什么理由啊！

面对着这样的逻辑，喉咙有一种被黑手扼住的窒息感觉。小侄儿是个乖巧的孩子，见我神色大变，半天不说话，就关了计算机，哄我道：婶婶不愿听我说杀老师杀爸爸妈妈的话，下次我用电锯时，不想着他们就是了。再杀的时候，我就把它当成一个外星人好啦！

呜呼！

面对小侄儿那清澈如水晶的双眸，我真的悲哀至极。外星人与我们何仇？当另一时空的高级智慧生物，冲破千难万险，到达我们这颗蔚蓝色的星球时，迎接它们的将是地球人自己灌输的无比敌意，这是科学的悲哀还是人性的悲哀？当人类用最先进的科技将自己最优秀的儿女送往太空的时候，可曾设想到在宇宙的彼岸，等待他们的将是鲜血淋漓的杀戮？

当然，游戏毕竟不是现实。但游戏是儿童精神的食粮和体操，它潜移默化循序渐进的力量，绝不可忽视。将残暴的杀人裂尸化为银屏下淡然的一笑，让孩子在游戏的过程中轻而易举地完成毁灭世界的欲望，播种无缘无故的仇恨，收获残忍与猎杀他人的快乐……这在幼童，是被迫的无知和愚昧；在成人，是主动的野蛮和罪孽！

我对小侄儿说，把这盘“毁灭战士”给婶婶，好吗？

他吃惊道：婶婶要它做什么？莫非也要做一把“毁灭战士”？

我说，我要把“毁灭战士”毁灭掉。

小侄儿道，为什么？

我说，因为“毁灭战士”里，没有对这个世界的爱。

友情的树上只有一个果子叫信任

现代人的友谊，很坚固又很脆弱。它是人间的宝藏，需我们珍爱。

友谊的不可传递性，决定了它是一部孤本的书。我们可以和不同的人有不同的友谊，但我们不会和同一个人有不同的友谊。友谊是一条越掘越深的巷道，没有回头路可走。刻骨铭心的友谊也如仇恨一样，没齿难忘。

友情这棵树上只结一个果子，叫作信任。红苹果只留给灌溉果树的人品尝。别的人摘下来尝一口，很可能酸倒了牙。

友谊之链不可继承，不可转让，不可贴上封条保存起来而不腐烂，不可冷冻在冰箱里永远新鲜。

友谊需要滋养。有的人用钱，有的人用汗，还有的人用血。友谊是很贪婪的，绝不会满足于餐风饮露。友谊是最简朴同时也是最奢侈的营养，需要用时间去灌溉。友谊必须述说，友谊必须倾听，友谊必须交谈的时刻双目凝视，友谊必须倾听的时分全神贯注。友谊有的时候是那样脆弱，一句不经意的言辞，就会使大厦顷刻倒塌。友谊有的时候是那样容易变质，一个未经证实的传言，就会让整盆牛奶变酸。

这个世界日新月异。在什么都是越现代越好的年代里，唯有友谊，人们保持着古老的准则。朋友就像文物，越老越珍贵。

礼物分两种，一种是实用的，一种是象征性的。

我喜欢送实用的礼物。

不单是因为它可为朋友提供立等可取的服务功能，更因为我的利己考虑。

此刻我们是朋友，十年以后不一定是朋友。

就算你耿耿忠心，对方也许早已淡忘。

速朽的礼物，既表达了我此时此刻的善意，又给予朋友可果腹可悦目可哈哈一笑或是凝神端详的价值。虽是一次性的，也留下美好的瞬间。我心足矣。

象征久远意义的礼物，若是人家不珍惜这份友谊了，留着就是尴尬。或丢或毁，都是物件的悲哀，我的心在远处也会颤抖。

若是给自己的礼物，还是具有象征意义的好。比如一块石子一片树叶，在别人眼里那样普通，其中的美妙含义只有自己知晓。

电话簿是一个储存朋友的魔盒，假如我遇到困难，就要向他们发出求救信号。一种畏惧孤独的潜意识，像冬眠的虫子蛰伏在心灵的旮见。人生一世，消失的是岁月，收获的是朋友。虽然我有时会几天不同任何朋友联络，但我知道自己牢牢地黏附于友谊网络之中。

利害关系这件事，实在是交友的大敌。我不相信有永久的利益，我更珍视患难与共的友谊。长留史册的，不是锱铢必较的利益，而是肝胆相照的情分。和朋友坦诚地交往，会使我们留存着对真情的敏感，会使我们的眼睛抹去云翳，心境重新开朗。

强弱之家

女强人这个词，更多的是一种社会性的评价。我不知道确切的定义是什么，大致想起来，似乎是指女人在一个传统的以男性为轴心的世界里，有了一定的地位、实力或影响。比如说做官做到处级以上（在比较小的城市，大约科级也行了吧）；比如挣的钱比较多，大概需要有几万元以上的收入（随着通货膨胀，这个数额恐怕也得不断地提高）；比如说知名度比较高（当然是绝不能同港台歌星比的啦）。

我是一个作家，没有权也没有钱。由于写东西总是要署名的，以示文责自负的勇气，知道我的名字的人比知道我丈夫的名字的人要多，使我也可以厕身女强人之列，我很感激这个行业给我的荣光。

但是我的家人，并没有把我当一个女强人看待。我丈夫认识我的时候，就知道了我的名字。他称呼我的名字的次数，并不因为外界人知道我的多寡而增减频率。比如他可以在我写作的时候，很随意地对我说："哎，毕淑敏（我们俩都是当兵的出身，从认识的时候就是直呼其名，像在兵营里一样），你知道我的那双羊毛袜子搁哪儿了？"我就会毫不迟疑地放下笔，说："你怎么那么没记性啊，都跟你说了多少遍了，就在某个抽屉里。"一边说，一边就去给他找。这无论在我还是在他，都觉得理所当然。

当我的事情和我的儿子发生冲突的时候，我几乎是下意识地就服从了孩子。比如说今年的暑假，我儿子叹了一口气说："我有你这样一个妈妈真是倒霉啊。"

我忙问为什么。他说："别的同学放了假，可以自由自在地待在家里。可我的妈妈是一个作家，一天到晚在家写作。无论什么时候，妈妈都像猫头鹰一样盯着我。"

我埋头写字，并没有时间总盯着他。是他到了十几岁的年纪，强烈地萌发独立意识，要求自己的空间。第二天，我收拾起自己的纸笔，转移到单位的办公室写作。这当然给我的工作带来了不便，几天以后，连儿子自己也不好意思了。他说，妈妈你回家来吧。我说："你不必在意。写作对我来说是终生的工作，不在乎这一个月的时间。但这个暑假对你来说是极为宝贵的，我愿意把家让给你。"

我这么做大约是太姑息儿子了。但世上有些事情是不以对错论结果的，支配我们的是一种习惯。

在我心中，孩子与家都是万分贵重的东西。面对它们强大的力量，我是弱者。

世上有一种伪坦率，最需提防。

他把许多恶毒的计策，摊到桌面上来。他把你对他的疑点，抢先说破，使你自觉心地龌龊，对他不起。他把事件的最坏可能一一预告，反倒让你觉得万无一失……

人们常常有一种善良的错觉，以为只有隐瞒才是欺骗。殊不知最高明的骗术，正是在光天化日之下进行。

伪坦率是一种更高水准的虚伪，它利用的是一种人们对坦率的信任。

坦率其实不说明更多的问题，它只是把双方的意见公开出来，本身并不等同真诚。

人生有无数的岔道，在分岔的路口，多半摆着诱惑。我们常常被物质的光怪陆离耀花了眼睛。

需要在漆黑的静夜想一想，想想我们与生俱来的理想，想想我们将要迈步的台阶，距我们最终的目标是近还是远？

眼睛当然是有用的。但有时闭上眼睛的时候，我们才能更好地倾听心灵的回答。

不负责任的表扬往往比批评还令人难堪。

因为他并没有注意到你的真正长处，仅仅是借此显示个人的风度。当他对你最有好感的时候，都这样疏忽大意，可见你在他心中的位置。

不实的批评，你还有权愤恨。对于不实的表扬，你只有悲哀。

我对赞同我的人，感悟的是他的善意。

我对反对我的人，考察的是他的智慧。

如果在赞同者那里看到的是逢迎，在反对者那里感觉的是愚昧，那么这两种人的意见我都不屑再听。任凭人们议论我的孤僻和不逊，自己并不在意。

懒散在通常的情形下，是不可取的。但懒散的状态有时会使我们浮想联翩，这时的懒散就不是无所用心的思想由缰，而是孕育新状态的热身运动。

有些人无时无刻不在显示他们的重要。高声说话，目光威严地扫射，很喧哗的笑声，不合时宜的服装和故意迟到，甚至不断地在报刊上制造耸人听闻的噱头……

我总在这些做作的举动之中，发现一种属于恫吓的虚弱和勉力为之的疲倦。

生命是为自己而存在。它是一种朴素而自然的事情，不是在众人之前的杂耍。

拒绝是没有错的，错误的是我们在拒绝前做出的判断。

我们不要害怕拒绝，我们只需更周密的决断。

比起赞同来，我更欣赏拒绝。

拒绝是一种删繁就简，拒绝是一种举重若轻。拒绝是一种大智若愚，拒绝是一种水落石出。

当利益像万花筒一般使你眼花缭乱之时，你会在混沌之中模糊了视线。尝试一下拒绝吧……

拒绝犹如断臂，带有旧情不再的痛楚。

拒绝犹如狂飙突进，孕育天马行空的独行。

拒绝有时是一首挽歌，回荡袅袅的哀伤。

拒绝更多是破釜沉舟的勇气，直面淋漓的鲜血惨淡的人生。

在北京的名人故居有鲁迅、郭沫若、老舍、宋庆龄……

一位经商的朋友愤愤地说，为什么没有大商人的故居呢？

我想，除了从商这一行的规则，难以令所有的人心悦诚服以外，人们对在他们的故居可看到什么，大概表示乏味。也许可以看到文化，但何必看支流呢？既然源头存在。

所有的商品和文字相比，都是速朽的。

对于现世，人们注重物质。

对于久远，人们更注重精神。

一个人最少需要一种非功利的爱好。

比如爱钓鱼，并不是为了解馋。

爱书法，并不是为了卖钱。

爱跑步，并不是要创世界纪录。

爱跳舞，并不是为了上台表演……

它不仅仅是富余的精力有所附丽，主要是精神有了种舒展自如的安置与发挥，感受到人生的美好真谛。

一个人的魅力，往往在他退休后看得更清楚。

属于职务的光环被岁月褪去，属于个人的精神光芒焕发出来。这个过程对有的人是苦闷，对有的人是新生。

我渴望衰老，因为生命的苦难。

我知道我生存一天，就要不懈地努力一天。取消所有责任的正当途径只有一条，这就是死亡。

衰老靠近死亡，所以我无所畏惧。

钻石是我们这个星球上最坚硬的物质。那么钻石是靠什么物质来切割打磨它的呢？

答案——靠另一颗钻石。

钻石自己敲打自己，是为了更完美。

人类也需要他人不断地敲打。

期望能给人勇气也易引起沮丧，关键在于期望的“值”。期望既不应太少也不能太多，但适中的量很难掌握。

两相比较，若是对自己，我以为还是期望得多一些为好，失败了虽易颓唐，但有时也会激起意料不到的勇气。若是对他人，期望值还是少一些为好，比较少失望和伤害。

“怕”好像历来是个贬义词。怕什么？别怕！天不要怕，地不要怕……好像不怕才是人生的大境界。

其实人的一生总要怕点什么，这就是中国古代说的“相克”。金木水火土，都有所怕的东西。要是不相克，也就没有了相生，宇宙不就乱了套？

惊奇是一种天然，而不是制造出来的。它是真情实感的火花。一块滚圆的鹅卵石，便不再会惊讶江河的波涛。惊奇蕴含着奋进的活力。

世界上有些事情，记住，永不要说。

你不说，就没有任何人知道。

你不知道我不知道，我们永远都不需要知道。不要把错误想得那么分明。不要去讨论那个过程，把它像标本一样在记忆中固定。有些事情不值得总结，忘记它的最好方法就是绝不回头。也许那事情很严重，但最大的改正是永不重复。

对于别人的拒绝，我们有的时候过分看重“理由”这个东西。其实理由并不重要，重要的是它所传递的那个真实而不易表达的目的。

如果我们摔倒了，却不知道是哪一块石头绊倒了我们，这难道是比摔倒更为懊丧的事情吗？

忠厚是无用的别名。无用却不是忠厚的别名，同它意思近似的有懒惰、低能、弱智以及弄巧成拙等，所以忠厚还可训练，无用却几乎是废物了。

人须怕法，那是众人行事的准则。人还须怕天，那是自然界运行的规律。怕是一个大的框架，在这个范畴里，我们可以自由活动。假如突破了它的边缘，就成了无法无天之徒，那是人类的废品。

了解一个人最大的缺点比了解一个人最大的优点更重要。因为忍耐比欣赏要艰难得多。

谣言也有一个大用处，当它飞扬的时候，警告某种灾难正在酝酿。

刚富的穷人和刚穷的富人，都比较触目惊心。前者是要做出富过一百年的样子，后者是要做出还将富一百年的样子。

人如果被人利用，一般认为是大不幸。但世上的物要是不能被人利用，这物就是废物，是要被抛弃的。人比物高等，更应该有利用的价值。

自己可以利用自己，别人就不能利用你，是否是一种自私？

不是能否被利用的问题，而是对方利用你的时候，你是否得到了应有的回报。这是不是带有浓烈的功利色彩？

所以被人利用还不是人生的大不幸。人要是完全无法被人利用，才是最悲哀的。

凡声称自己很少被欺骗的人，也很少相信别人。

信任有时简直就是被欺骗的别名。

有没有两全其美的办法呢？只有一条，那就是智慧加上训练有素的直觉。

寡闻不一定必是坏事。现代社会信息爆炸。许多时髦的东西还是充耳不闻的好。付出的代价是被人讥笑为落伍，收获的果实是心境的清明。

当那些最勇敢最智慧的人们，攀到前所未有的高度时，迎接他们的是严寒与荒凉。

面对纷繁的星空和遥远的黑洞，你踏出高贵而孤独的脚步。

你极有可能走错，湮灭如灰尘。

传送带是不保留探索者的脚印的，它淡然地看着一位位先驱者扑倒，只为成功者留下位置。

宇宙用死亡限制人们的步伐。人类的每一个婴儿降生，都是历史的一次重新开始。智者离开时，卷走了他们没有诉诸文字的所有发现。

历史不记录回声。人的生命是长度固定的锁链，为了对抗死亡，为了在重复学习之余留出创造的空间，只有在每一个生命之环上负载更多的希冀与沉重，人类日益变得匆忙与紧张。

我知道了什么叫作崇高。它其实是一种发源于恐惧的感情，是一种战胜了恐惧之后的豪迈。

我会在没有人的暗夜，深深检讨自己的缺憾。但我不愿在众目睽睽之下，把自己像次品一般展览。

不要以为普通的小人物就没有尊严。不要以为女人的尊严感天生就薄弱于男人或人类的平均值。不要以为曾经失去过尊严的人就一定不再珍惜尊严。

崇高的侧面可以是平凡，但绝不是卑微。

智慧是划分区域的。从商的智慧是金色，从政的智慧是血色，爱情的智慧是无色，仇恨的智慧是黑色。没有谁的智慧是万能的，所以人们在一些领域绝顶聪明，在另一些领域混沌不堪。

铸造心情

心情好像一种很柔软的东西，经常因为自然界的风花雪月或是人世间的阴晴冷暖，剧烈波动着，蛛丝般震颤飘荡，无所依傍，哪里用得上“锻造”这样充满了金属音响的词呢？

心情于我们是那样重要。健康与美丽，如若没有一副好心情，犹如沙上建塔，水中捞月，一切都无从谈起。心情与我们形影不离，不，它甚至比影子的追随还要固守得多。光不存在的时候，影子就藏在深深的暗中了。只有心情牢牢黏附在胸膛最隐秘的地方，坚定不移地陪伴着我们。快乐的人，在黑夜中也会绽出笑容；凄苦的人，即使睡着了，梦中也滴泪。

心情是心田的庄稼。只要心脏在跳动，心情就播种着，活跃着，生长着，更迭着，强有力地制约着我们的生存状态。可能没有爱情，没有自由，没有健康，没有金钱，但我们必有心情。

心情是我们的收割机呢。如果你懊丧，收获的就是退缩畏葸和一事无成。如果你落落寡合，只一味地倾诉苦难，朋友最终会离去，留你孑然面对孤灯。如果你昂扬，希望就永远微茫地闪动，激你前行。如果你百折不挠，生活每一次把你压扁，你都会充满了韧性和幽默地弹跳而起，螺旋向上。如果你向每一丛绿树和鲜花打招呼，它们必会回报你欢笑与芬芳……

如果你渴望健康和美丽，如果你珍惜生命每一寸光阴，如果你愿为这世界增添晴朗和欢乐，如果你即使倒下也面向太阳，那么请铸造心情。

它宁静而坚定，像火山爆发后凝固的岩浆，充满海绵状的孔隙又坚硬无比。它可以蕴含人生的苦难，但绝不会被苦难所粉碎。它感应快乐的时候如丝如弦，体贴人间的每一分感动。它凝重时如锚如链，风暴中使巨轮安稳如磐。它在一次次精彩的淬火中，失去的是杂质，获得的是强韧。它延展着，包容着，被覆着我们裸露的神经，保卫着我们精神的海洋与天空。它是蓝色澄清的内心疆域，在那里栖息着我们永不疲倦的灵魂。

让我们的成品——沉稳宁静广博透明的心情，覆盖生命的每一个清晨和夜晚。从此不再因外界的风声鹤唳而瑟瑟发抖，不再因世间的荣辱得失而锱铢必较，不再因身体的顿挫不适而万念俱灰，不再因生命的瞬忽飘逝而惆怅莫名……

人生因此健康，因此壮丽。

我的一些非常重要的经验，来自一些说话很沉闷的人那里。就像一大堆矿石才能提炼出几克稀有金属，需要足够的耐心和时间。

谈话的第一要素是尊重，倾听时除了聚精会神以外，还要不时报以会心的微笑。对方兴致勃勃地说下去，闪光的语言就有可能随之出现。

当我非常欣赏一位作家的作品时，就竭力不去结识他。

因为崇敬，我不想近距离地观察他。

每个人都是多棱的，即使是一个高尚的人，灵魂中也潜伏着卑微。但那些最好的文章，是优秀的作家在霞光普照的清晨，用生命最甘美的汁液写下的，他们自己也清醒地知道不可能重复。这里面一定有我们未知的属于神的部分。

当我们结识世俗的本人时，会或多或少干扰破坏了我们对美的遐想。

人应该锻炼出敏锐地感应他人情绪的本领，犹如我们一出房门，就觉察出气温的变化。

说起来烦难，只要认真去做，并不复杂。

从一个人的衣着、面色、下意识的小动作、偶尔吐出的个别话语，他的精神状态基本上昭然若揭。

并不是号召所有的人都察言观色，以求一逞。

人是团体的动物，他人的心情会迅速波及自己的心情。为了保护情绪不感冒，我们必须了解周围最密切接触的人——心情的温度。

现代的科学技术越来越发达，但它们相对于人来讲，永远是身外之物。人类已经把自己的衣食住行打点得越来越精致，把外在的条件整治得越来越舒适了。但是心灵呢？这灵长中的灵长，却在越来越辉煌的物质文明中萎缩，淹没在闪烁的霓虹灯下，迷失在情感的沙漠里。

随着年龄渐长，我与那些心中最美好的希望，有了一种默契。那就是——有些愿望不必实现，就让它们永远存留在我们的想象中吧。

现代社会是一只飞速旋转的风火轮，把无数信息强行灌输给我们。见多不怪，我们的心灵渐渐在震颤中麻痹，更不消说有意识地掩饰我们的惊讶，会更猛烈地加速心灵粗糙。在纷繁的灯红酒绿和人为的打磨中，我们必将极快地丧失掉惊奇的本能。

在我们的思想里有许多思想的建筑物和思想的废墟。我们常常忙于建设，而对清理废墟注意得不够，以为新的建立起来，旧有的就会自动消失。

其实批判自己是一件很艰难的事情。如果畏惧它，我们的头脑就会新旧杂糅，某些时候出现混乱。

否认了“惊”，就扼杀了它的同胞兄弟。我们将在无意之中，失去众多丰富自己的机遇。假如牛顿不惊奇，他也许就把那个包裹着真理的金苹果，吃到自己的肚子里面了。人类与伟大的万有引力相逢，也许还要迟滞很多年。

假如瓦特不惊奇，水壶盖“噗噗”响着，一个划时代的发现，就蒸发到厨房的空气中了。我们的蒸汽火车头，也许还要在牛车漫长的辙道里蹒跚亿万公里。

保持惊奇，我常常这样对自己说。它是一眼永不干涸的温泉，会有汩汩的对于世界的热爱，蒸腾而起，滋润着我们的心灵。

“宁吃鲜桃一口，不吃烂杏一筐”——我以为这必是有钱有食人说的话。假若是穷人，恐怕还得要那一筐烂杏。挑挑拣拣，可吃的部分总还是比一口鲜桃要多。

纵是杏完全不能吃了，砸了核儿吃仁，也还可充饥。当然，那杏核若是苦的，也就没办法了。

不过还可卖苦杏仁，也是一味药材。

现代社会令人眼花缭乱，每个人在某种意义上说都是孤陋寡闻的。你在你的行业里是专家里手，在其他领域里完全可能是白痴。这不是羞愧的事情，坦率地流露惊奇，表示自己对这一方面的无知以及求知的探索，是一种可嘉的勇气。

更不消说我国自古就有“道高一尺，魔高一丈”的传统。恕我悲观，辨假永远也赶不上造假。消费者书生意气纸上谈兵，造假者磨刀霍霍鼎力革新。以单一的柔软的消费者对抗虎视眈眈的造假者，我等甘拜下风。

小孩子是常常说真话的。人在成长中锻炼出抑制说真话的本领，随着年岁的增加，说真话的频率便越来越少。到了老年，又渐渐地说起真话来。

所以真话是一种离新生和死亡都比较近的品质。

不要以为所有的谎言都是恶意，善良更容易把我们载到谎言的彼岸。

有些事物和人物的价值，就是在我们看不到的地方影响着我们。

快乐的核心是什么？是责任。完成的责任越重大越艰苦，它带给人的快乐越深刻越长久。

人的记忆大体分为两种类型。

一是善于遗忘痛苦，一是善于铭记痛苦。

前者多豁达，后者多建树。

幸福就是没有痛苦的时刻。它出现的频率并不像我们想象的那样少。人们常常只是在幸福的金马车已经驶过去很远，捡起地上的金鬃毛说，原来我见过它。

助手有两种。一种是心甘情愿做助手，永远的助手。一种是在学习和准备着，随时打算不做助手。

前一种人忠诚有余机变不足，后一种人有野心，经常逾越助手的位置。而将两者结合在一起的助手，还没有出生。

一个好的主意，往往是在混乱中产生的。犹如最好的蘑菇，寄生于朽木。

丰收的季节，先不要去想可能的灾年，我们还有漫长的冬季来得及考虑这件事。我们要和朋友们跳舞唱歌，渲染喜悦。既然种子已经回报了汗水，我们就有权沉浸幸福。不要管以后的风霜雨雪，让我们先把麦子磨成面粉，烘一个香喷喷的面包。

如果我们不同意某个问题，我们有两种可以选择的方式。一是反对，一是等待。反对是寄予自身的力量，等待是遵循事物发展的规律。

见多未必识广。有的人见得多了，只是助长了骄气、狂气、奢气、匪气……反倒比孤陋寡闻的人离知识更远。

见闻只有进入智慧的大脑，才可化为养料。

世界上有一些仇恨和一些恩情是无法还报的。遇到这种时候，我们只有远远地走开。

我愿同智商很高的人对话，愿同智商稍高于我的人共事。

与挣钱相比，花钱更能显示出一个人的眼光与趣味。挣钱是光凭气力就可做到的事，花钱还需智慧。

如果你一时分辨不出一个人的品行，就去看他怎样花钱。一掷千金的是纨绔和诗人，量入为出的是节俭和主妇；张弛有序的是大家和智者，首尾不顾的是愚妇和莽汉……假如他根本就不花钱，除了极端的悭吝，就是一个缺乏生活情趣的人。

人到无求，心必坦荡，言必真诚，志必磊落，行必光明。

文学自然可以哭泣，但那眼泪不只属于你自己，必得有能引起众人共鸣的激情。文学自然应该特殊，但什么是真正的特殊，可要有清醒的意识。那就是为你所独有的一份对人世间的把握，借助了祖宗遗留给我们的古老工具——语言，优美清晰地表达出来，以传递心灵的感应。

我所喜爱的女性

我喜欢爱花的女性。花是我们日常能随手得到的最美好的景色，从昂贵的玫瑰到卑微的野菊。花不论出处，朵不分大小，只要生机勃勃地开放着，就是令人心怡的美丽。不喜欢花的女性，她的心多半已化为寸草不生的黑戈壁。

我喜欢眼神乐于直视他人的女性。她会眼帘低垂余光袅袅，也会怒目相向入木三分，更多的时间，她是平和安静甚至是悠然地注视着面前的一切，犹如笼罩风云的星空。看人躲躲闪闪目光如蚂蚱般跳动的女性，我总疑她受过太多的侵害。这或许不是她的错，但她已丢了安然向人的能力。

我喜欢到了时候就恋爱、到了时候就生子的女人，恰似一株按照节气拔苗分蘖结粒的麦子。我能理解一切的晚恋、晚育和独身，可我总顽固地认为逆时辰而动，需储存偌大的勇气，才能上路。如果是平凡的女子，还是珍爱上苍赋予的天然节律，徐步向前。

我喜欢会做饭的女人，这是从远古传下来的手艺。博物馆描述猿人生活的图画，都绘着腰间绑着兽皮的女人，低垂着乳房，拨弄篝火，准备食物。可见烹饪对于女子，先于时装和一切其他行业。汤不一定鲜美，却要热。饼不一定酥软，却要圆。无论从爱自己还是爱他人的角度想，“食”都是一件大事。一个不爱做饭的女人，像风干的葡萄干，可能更甜，却失了珠圆玉润的本相。

我喜欢爱读书的女人。书不是胭脂，却会使女人心颜常驻。书不是棍棒，却会使女人铿锵有力。书不是羽毛，却会使女人飞翔。书不是万能的，却会使女人千变万化。不读书的女人，无论她怎样冰雪聪明，只有一世才情，可书中收藏着百代精华。

我喜欢深存感恩之心又独自远行的女人。知道谢父母，却不盲从。知道谢天地，却不畏惧。知道谢自己，却不自恋。知道谢朋友，却不依赖。知道谢每一粒种子每一缕清风，也知道要早起播种和御风而行。

内在的洁净

现在的女子，对于服装的要求越来越多了。每年都有流行色，如果你还穿着去年的流行色，那就是落伍，就是老土，就是搁浅在时代潮流沙滩上的孤独苦蚌。

有一次，我得到一个邀请，担当某服装委员会的顾问。我说，你有没有搞错啊，我是个连流行色都一问三不知的人，哪里能担当服装顾问？只有谢绝这一份信任了。他们说，就是愿意吸收各行各业的人都来关注服装，所以是外行并不要紧。我还是坚辞不受。本以为这件事就这样结束了，不想几天以后，他们又曲线救国，约了一位我所熟识的朋友来做说客，那朋友说，一个作家，就应该与五行八作的人都说得上话。你对服装没有研究，正好借这个机会长长见识，何乐而不为？再说啦，人家还发你一套衣服，蛮合算的啦！

倒不是看在那套衣服的分儿上，实在是朋友这番话的前半部分说服了我，我出席了那天的会议。会上，坐在邻座的是一位对服装颇有研究的先生，我和他聊起来，问，你们每年的权威发布，都依照什么原则呢？

那位先生一笑，说，毕作家，你太认真了。流行色并没有你想象的那样复杂，不过就是一个概念。你想啊，服装这个东西，是要提前做准备的。不能天气已经很热了，才做薄薄夏衣。也不能寒风刺骨了，才张罗棉袄。特别是面料，更要有提前量。那么，大家根据什么来制订计划呢？简单地说，就要开一个会，大家坐在一起，讨论一番，定一个主色调，然后还有一些辅助的色系，最后就按这个原则去生产了。到了那个季节，街上就都是这种色系的衣服，流行色就开始流行了。

我听得似懂非懂，说那么如果这个色彩今年流行不起来怎么办呢？那位先生可能觉得我冥顽不化，蔼然教导说，这怎么可能呢？大家都要穿新衣服，新衣服是从哪里出来的？还不是厂家做出来的吗？只要所有的厂家都齐心合力，都出产这个颜色的衣服，当然就会流行起来啊！再有了，我们既然制定了这个策略，就会大张旗鼓地宣传，比如说环保啦，沙漠啦，海洋啦，太空啦……找概念啊，开动一切机器来“轰炸”。另外还有一个法宝，就是让偶像代言。年轻人喜欢从众，一看他们心仪的艺人都穿上这个衣服了，当然会趋之若鹜……

听到这里，我只有拼命点头的份儿了，我就是再愚笨，也明白在这样强大的攻势之下，流行色当然生命力蓬勃。

那位先生看我茅塞顿开的样子，表示满意，说，如果你是生产厂家，你会怎样想？

我说，那还用问？当然是希望买我衣服的人，越多越好。

那位先生说，对啊，人心同理。要是谁都新三年、旧三年，缝缝补补又三年，服装厂还不得关门？所以，每年的流行色一定要和上一年的有所不同，让你不能以旧充新，鱼目混珠。再有就是造舆论，让你觉得自己穿的不是流行色，就有一种自卑感，不入流，被社会抛弃……这样的舆论氛围一旦形成，从众心理浓厚的人，就会被裹挟而进，成了流行色的"俘虏"。厂家就会微笑。

我说，如果我硬是不买流行色，你们能怎么样呢？

那位先生和气地笑起来，说，那我们一点办法也没有。不跟着流行色走的人，通常分两类。一种是特别贫穷，他们原本就没有能力不停地置换服装，所以，也不是服装行业的消费者，基本可以忽略不计。再有一种，就是特别有品位的人，他们不在乎流行什么，只在乎什么东西对自己是最适合的。对这后一种人，我们也是鞭长莫及无可奈何啊。

那一天的会议，让我获益匪浅。这位先生犹如奸细，让我获取了关于服装的真实情报。也许对于时尚中人，这些都是常识，但对我这样一个服装盲来说，的确醍醐灌顶。我想，我似乎不能算作买不起衣服的人，但也绝对不是有独立见解，能孤傲地挺立于潮流之外的人。对于我们普通人来说，如何在光怪陆离的现代服装海洋中，安然自得地驾着自己的小船，吟唱渔歌呢？

我想最好的方式，就是保持衣物的洁净，不追赶时髦。因为流行色的实质，多是商人的利益。它铁定了主意让你总是气喘吁吁手忙脚乱地追赶潮流。我不需要那么多的衣服。如果你的衣服有污渍，无论它多么华贵，在没有清洗干净之前，不要穿着它出门。华贵表达着你的财富，而洁净证明着你的品质。

衣服只是外包装，内在的精神洁净才是最重要的。

奶牛的第三次哭泣

自由驰骋牴斗与哺乳的野牛，变成世人役使宰杀的家畜，这种庞大而温驯的动物，第一次哭泣。它们被剥夺了自由自在的天性，脖子上扣了枷锁，鼻子上穿了缰绳，在人——这种灵长类的吆喝下，蹒跚向前。

社会学家庄严的词典里，畜类的被驯养，是文明的标志，成为“第一产业”进化的猎猎旗帜。

作为一个人，我只能站在人的立场上说话，而不能站在牛的立场上说话。所以我对牛在历史缝隙中的哭泣，只能报之莞尔一笑。人类要生存发展进步，这颗星球上的其他一切生物，都义不容辞地要以自己的生命作为踏脚石，以助人类登峰造极的功德圆满。

然而人对于牛的要求，日新月异。它的筋肉需生长得更加幼嫩，以利于人类更加细致的胃肠。它的皮毛需滋润得更加水滑，以摩挲人类更加敏感的肌肤。它的性情需调理得更加温驯，以服从人类更加复杂的指令……

人类的需要是没有止境的。把哺乳母牛的雄性幼子抱走宰杀，制成可口的小牛肉。让母牛听着轻松的音乐，把更多的悲哀而洁白的乳汁挤到桶里，以供人类婴儿的成长和自身的强健。科学的发展更使剥夺的过程如虎添翼，利用基因技术，可以人工控制小牛的性别，使母牛产下的幼崽，百分之九十以上为雌性。母牛生母牛，它们成为温暖的盛满乳汁的容器，一代代作为工具向下遗传，子子孙孙没有穷尽，使可供人类挥霍的乳汁恣肆汪洋。

母牛第二次哭泣了。它的天性被虐杀，成了造奶的机器，这种长着花斑的大腹便便的失去孩子的母亲，只能把泪水滴在挤牛奶姑娘的桶里，使它的产品染上咸涩。

直到此时，我们仍然无法同情奶牛。既然自然界通行的法则是弱肉强食，当我们呷着牛奶啃着冰激凌抹着黄油的时候，是没有资格在理智上赞成人，而在情感上倾向牛的。如果拟人化地为牛代言，收获的只是虚伪。

但是据说牛奶终于多得让有钱人喝不完了。商家预备把这种牛类原本用以哺育后代的软滑的含有所有生命必需蛋白质的白色液体，注满一只只华美的浴缸，与名贵的辅料共煮，酿为香汤，以浸泡某些高档的身躯，让他们的皮肤更光洁，眼睛更明亮，额头更焕发智慧的闪光。

有幸把自己的乳汁贡献到浴缸里的奶牛，第三次在暗中哭泣了。

奶牛的第一次哭泣是因为不可抗拒的命运。奶牛的第二次哭泣是因为被剥夺与虐杀了的天性。但这一次，它们是看到了人类的弱点而窃喜，喜极而泣。

它们与人类原是有仇恨的，人类改造奴役了它们。它们无法反抗人类，只有耐心地等待人类的自毁，它们终于看到了依稀的曙光，对资源无限制的掠夺和对其他生灵的涂炭，对物质穷奢极欲的追逐和靡费，将是人类自掘的巨墓。

民间传说，人乳在烈日下曝晒，会化为莹莹碧血，借以祭奠母亲的恩德。想来掺杂了眼泪的牛乳，在精致的浴缸中涡旋的时候，也许会在某一个瞬间，无声地化作红水。倘若温香暖玉中缠绵的贵人，突然看到莲蓬头里滴下如火的烈焰，浴缸里荡起滚滚赤潮，岂不花容失色，大违了初衷？

节气是一种命令

夏初，买菜。老人对我说，买我的吧。看他菜摊，好似堆积着银粉色的乒乓球，西红柿摞成金字塔样。拿起一个，柿蒂部羽毛状的绿色，很翠硬地硌着我的手。我说，这么小啊，还青。远没有冬天时我吃的西红柿好呢。

老人显著地不悦了，说，冬天的西红柿算什么西红柿呢？吃它们哪里是吃菜？分明是吃药啊。

我很惊奇，怎么说是药呢？它们又大又红，灯笼一般美丽啊。

老人说，那是温室里煨出来的，先用炉火烤，再用药熏。让它们变得不合规矩的胖大，用保青剂或是保红剂，让它比画的还好看。人里面有汉奸，西红柿里头也有“奸细”呢。冬天的西红柿就是这种假货。

我惭愧了。多年以来，被蔬菜中的骗局所蒙蔽。

那吃什么菜好呢？我虚心讨教。

老人的生意很清淡，乐得教诲我。口中唾钉一般说道——记着，永远吃正当节令的菜。萝卜下来就吃萝卜，白菜下来就吃白菜。节令节令，节气就是命令啊！夏至那天，太阳一定最长。冬至那天，亮光一定最短。你能不信吗？不信不行。你是冬眠的狗熊，到了惊蛰，一定会醒来。你是一条长虫，冷了就得冻僵，会变得像拐棍一样打不了弯。人不能心贪，你用了种种的计策，在冬天里，抢先吃了只有夏天才长的菜，夏天到了，怎么办呢？再吃冬天的菜吗？颠了个儿，你费尽心机，不是整个瞎忙活吗？别心急，慢慢等着吧，一年四季的菜，你都能吃到。更不要说，只有野地里，叫风吹绿的菜叶，太阳晒红的果子，才是最有味道的。

我买了老人家的西红柿，慢慢地向家中走。他的柿子虽是露地长的，质量还有推敲的必要。但他的话，浸着一种晚风的霜凉，久久伴着我。阳光斜照在网兜上，那堆略带柔软的银粉色，被勒割出精致的纹路，好像一幅生长的印谱。

人生也是有节气的啊。

春天就做春天的事情，去播种；秋天就做秋天的事情，去收获；夏天游水，冬天堆雪；快乐的时候笑，悲痛时分洒泪。

少年需率真，过于老成，好比施用了植物催熟剂，早早定了型，抢先上市，或许能卖个好价钱，但植株不会高大，叶片不会紧密，从根本上说，该归入早夭的一列。老年太轻狂，好似理智的幼稚症，让人疑心脑幕的某一部分让岁月的虫蛀了，连缀不起精彩的长卷，包裹不住漫长的人生。

时尚有句俗话——您看起来比实际的岁数年轻。听的人把它当作一句恭维或是赞美；说的人把它当作万灵的廉价礼物。我总猜测这话的背后，缩着上帝的一张笑脸。

比实际的年龄年轻，就分明是好的，美的，值得庆贺的吗？

比实际的年龄苍老，就分明是坏的，丑的，值得悲怆的吗？

那样的话，人何必还要长大？还需成熟？龟缩在婴儿的蜡烛包里，永远用着尿不湿，岂不是最高等级的优越？

小的人希冀长大，老的人祈望年轻。这种希望变更的子午线，究竟坐落在哪一扇生日的年轮？与其费尽心机地寻找秘诀，不如退而结网，锻造出心灵与年龄同步的舞蹈。

老是走向死亡的阶梯，但年轻也是临终一跃前长长的助跑。五十步笑百步，不必有过多的惆怅或是优越。年轻年老都是生命的流程，不必厚此薄彼，显出对某道工序的青睐或是鄙弃，那是对造物的大不敬，是一种浅薄而愚蠢的势利。人们可以濡养机体的青春，但不要忘记心灵的疲倦。

死亡是生命最后的成长过程，有如银粉色的西红柿被摘下以后，在夕阳中渐渐地蔓延成浓烈的红色。此刻你只有相信，每一颗西红柿里都预设了一个机关，坚定不移地服从节气的指挥。

「冻顶」百合

世界上有没有“冻顶”百合这种花呢？在我写这篇文章之前是没有的，虽然它很容易挑起一种关于晶莹香花的联想，其实是一个拼凑起来的蹩脚词语。

那一年到台湾访问，因为没有直航，在香港转机一路颠沛。清晨出发，抵达台湾土地时，已是深夜。待办完了手续真正踩到街面时，已到了第二天黎明前最黑暗的时刻。

那是我第一次见到活生生的青天白日旗，低垂在挂着“市党部”招牌的房檐下。一时很有些恍惚，感觉自己闯入了讲述过去年代某个地下工作者宁死不屈的电影场景里。

这种不真实感，被时间一丝丝消弭在同宗同族同文化的血缘归属中。台湾作家为我们安排了丰富多彩的观光旅游项目，其中当然少不了阿里山日月潭这些经典的风光所在。

记得那天去台湾岛内第一高峰的玉山。随着公路盘旋，山势渐渐增高。随行的一位当地女作家不断向我介绍沿路风景，时不时插入“玉山可真美啊”的感叹。

玉山诚然美，我却无法附和。对于山，实在是“曾经沧海难为水”啊！十几岁时，当我还未曾见过中国五岳当中的任何一岳，爬过的山峰只限于北京近郊五百米高的香山时，就在猝不及防中，被甩到了世界最宏大山系的祖籍——青藏高原，一住十几年，直到红颜老去。

青藏高原是万山之父啊，它在给予我无数磨炼的同时，也附赠一个怪毛病——对山的麻木。从此，不单五岳无法令我惊奇，就连漓江的秀美独柱，阿尔卑斯的皑皑雪岭，对不起，一概坐怀不乱。我已经在少女时代就把惊骇和称誉献给了藏北，我就无法赞美世界上除了冈底斯山、喀喇昆仑山、喜马拉雅山以外的任何一座峰峦。朋友，请原谅我心如止水。由于没有恰如其分的回应，女作家也悄没了声。山势越来越高了，蜿蜒公路旁突然出现了密集的房屋和人群。也许是为了挽救刚才的索然，我夸张地显示好奇：这些人要干什么？

这回轮到当地女作家淡然了，说：卖茶。

我来了兴趣，继续问：什么茶？

女作家更淡然了，说：“冻顶”乌龙。

我猜疑她的淡然可能是对我的小小惩罚，很想弥补刚才对玉山的不恭，马上兴致勃勃地说：“冻顶”乌龙可是台湾的名产啊，前些年，大陆有些人以能喝到台湾正宗的“冻顶”乌龙为时髦呢！说着，我拿出手袋，预备下车去买“冻顶”乌龙。

女作家看着我，叹了一口气说：就是爱喝“冻顶”乌龙的人，才给玉山带来了莫大的危险。她面色忧郁，目光黯淡，和刚才夸赞玉山风景时判若两人。

为什么呀？我大不解。

她拉住我的手说，拜托了，你不要去买“冻顶”乌龙。你喜欢台湾茶，下了山，我会送你别的品种。

“冻顶”乌龙为何这般神秘？我疑窦丛生。

女作家说，台湾的纬度低，通常不下雪也不结霜。玉山峰顶，由于海拔高，有时会落雪挂霜，台湾话就称其“冻顶”。乌龙本是寻常半发酵茶的一种，整个台湾都有出产，但标上了“冻顶”，就说明这茶来自高山。云雾缭绕，人迹罕至，泉水清冽，日照时短，茶品自然上乘。

“冻顶”乌龙可卖高价，很多农民就毁了森林改种茶苗。天然的植被遭到破坏，水土流失。茶苗需要灭虫和施肥，高山之巅的清清水源也受到了污染。人们知道这些改变对于玉山是灾难性的，但在利益和金钱的驱动下，“冻顶”茶园的栽培面积还是越来越大。我没有别的法子爱护玉山，只有从此拒喝“冻顶”乌龙。

女作家忧心忡忡的一席话，不但让我当时没有买一两茶，时到今日，我再也没有喝过一口“冻顶”乌龙。在茶楼，如果哪位朋友要喝这茶，我就把台湾女作家的话学给他听，他也就改换门庭了。

又一年，我到西北出公差，主人设宴招待。我得知身边坐着的先生是植物学博士，赶紧讨教。说我乡下的院子里有一棵苹果树，很多年了，却从不结苹果。

苹果树的树龄多大呢？他很认真地询问。

不知道。它是被我捡回家的，因为修公路，它就被人从果园连根刨起，几乎所有的枝丫都被人锯走当了柴火。我发现它的时候，它的根系干燥得只剩下拳头大的一小窝，完全是根烧火棒的模样。我把它栽到院子里浇上水，没想到几个月后它长出了绿色旗帜一般的新叶……我说。

植物的生命力比我们所有的想象都要顽强，只要你尊重它。植物学博士说。

可是，它为什么不结苹果呢？它会记人类的仇吗？它是否需要漫长的休养生息？我问。

植物是不会记仇的，它们比人类要宽宏大量得多。按照你说的时间计算，它该恢复过来了，可以挂果了。最大的失误可能是没有授粉，你的苹果树太孤独了……植物学博士谆谆教诲。

我说，明年春天，我是向老乡讨来另一树上的花枝，向我家的苹果树示爱，还是再栽一株新的苹果树呢？侍者端上了一道新菜，报出菜名“蜜饯金菊”。

纷披的金黄色菊花瓣婀娜多姿，奶油、蜂糖和矢车菊的混合芬芳，撩动着我们的眼睫毛和鼻翼，共同化作口中的津液。

吃吧吃吧，这道菜是要趁热吃的，凉了就拔不出丝了。主人力劝，大家纷纷举筷，遂赞不绝口。活灵活现的菊花，花瓣像千手观音，厨师好手艺啊！

植物学博士面色冷峻，一口未尝。多年当医生的经验让我爱管闲事，一看到谁有异常之举就怀疑病痛在身。菜很甜，我悄声问，您不爱吃糖？

没想到他大声回答，我不吃这道菜，并不是有糖尿病，我很健康。

我一时发窘，不知他为什么义愤填膺。植物学博士继续义正词严地宣布道，菊花瓣纤弱易脆，根本经不起烈火滚油。这些酷似菊花的花瓣，是用百合的根茎雕刻而成的。

大家说，想不到你在植物学之外，对厨艺还有这般研究，一定是常常下厨吧。

博士仍是一脸的冰霜，说，对，我是常常下厨房，请厨师们不要再用百合了，但是，没有人听我的。所以，我只有不吃百合。

餐桌上的气氛陡地肃穆起来。为什么？异口同声。

博士说，百合花非常美丽，特别是一种豹纹百合，更是花中极品，象征着安宁和谐幸福。

我失声道，难道我们今天吃的就是插在花瓶中无比灿烂的百合吗？

博士道，豹纹百合和菜百合不是同一个品种，但属于一个大家庭，餐桌上吃的是百合的球茎。这几年，由于百合的食用和药用价值，对它的需求越来越大，越来越多的农民开始种百合。百合这种植物，是植物中的山羊。

大家实在没法把姣美的百合和攀爬的山羊统一起来，充满疑虑地看着博士。

博士说：山羊在山上走过，会啃光植被，连苔藓都不放过。所以，很多国家严格限制山羊的数量，因此羊绒在世界上才那样昂贵。百合也需生长在山坡疏松干燥的土壤里，要将其他植物锄净，周围没有大树遮挡……几年之后，土壤沙化，农民开辟新区种植百合。百合虽好，土地却飞沙走石。

那一天桌上那盘美妙的“蜜饯金菊”，只被人动了几筷子，那是在植物学博士还没有讲百合就是山羊之前，嘴馋的人先下的手。

从此，我家的花瓶里，再没有插过百合，不管是西伯利亚的铁百合还是云南的豹纹百合。在餐馆吃饭，我再也没有点过“西芹夏果百合”这道菜。在菜市场，我再也没有买过西北出的保鲜百合，那些洗得白白净净的百合头挤压在真空袋子里，好像一些婴儿高举的拳头，在呼喊着什么。

一个人的力量何其微小啊。我甚至不相信，这几年中，由于我的不吃不喝不买，台湾玉山阿里山上会少种一寸茶苗，西北的坡地上会少开一朵百合，会少沙化一管黄土。

然而很多人的努力聚集起来，情况也许会有不同。我在巴黎最繁华的服装商店闲逛，见到地下室里很多皮衣在打折贱卖，价格便宜到你以为商家少写了几个零。我因惊讶而驻步，同行的朋友以为我图便宜想买，赶紧扯我离开，小声说，千万别买！在这里，穿动物皮毛是野蛮人的代名词。

努力，也许就会有不可思议的力量出现。墙倒众人推一直是个贬义词，但一堵很厚重的墙要訇然倒下，是一定要借众人之手的。

我没有向我家的苹果树摇动另外的花枝，也没有栽下另外一棵苹果树。在长久的等待之后，它无声无息地结出了几个苹果，其味巨甜。

长街畔的青杨

晚饭后沿长安街散步，如同走在金色的江畔。无数汽车喘着热气，好似疲惫奔袭的恐龙。到林荫道上，清凉些。先生说。

于是第一次看到了那棵树。准确地讲，是那片青杨中的一棵，靠近路边恹恹地站着。

它的岁数不算幼小，但比伙伴矮得多，仿佛家境贫寒的失学少年，怯怯张望着高大的同学。趣青的树皮，显出病弱的霜白。叶子耷拉着，如同稻草人手中的碎布条。夜风掠过，残缺的树冠发出声响，好似骨折病人忧郁无奈的叹息。

它为何如此羸弱？

疑问坠得脚步涩了。均等的地皮和水分，不该差得这般悬殊。就算苗圃培育的先天有所不同，移栽街旁时，挑的植株也必大小相仿，怎么几年时间，竟形同隔世了呢？

观察之后，我想——有的时候，命运其实就是一种位置。同宗的幼苗，藏入深山，可望成为千年树精，一世葱茏。落在市井，便被废气熏着，刀剪修着，药水泼着，霓虹灯耀着……遭遇要比山间野树复杂得多了。

然而这似乎也不是最终的答案。要说命运多蹇，怎么别个青杨将就得过，独独这一棵，萎靡到如此凄凉呢？

琢磨再三，终于得了结论。那树在一人多高的位置，横空翘出一道水平杈，拳头粗细，孤零零地探着，竟是天造地设的一副单杠。其下青砖铺路，不涩不滑，任凭虎步龙腾。过往行人，突然觑到这天然的运动场，便被诱惑，猛跑几步，噌地一蹿，攀着枝杈荡上去。久不锻炼的硬躯，如冬瓜般浊重，摆了几摆，便夯砸下来，只留树影在苍茫夜空呻吟。

青杨全身哆嗦着，久久无法在摇撼下平息。叶片好似千百面残破的铜镲，紊乱地交错扑打，仿佛垂死之人窒息前的剧咳。树干猛烈地痉挛，每一条根须都被摇离热土，水脉从底层折断……

我对先生说，不散步了。守在这棵青杨下，劝人们不再用它练功。

先生与我默坐一旁，陪伴青杨。初起见了一些成效，四目炯炯，好面子的城市人，无意在陌生人面前展示业余的上杠姿势，略显遗憾地匆匆掠过。也有一些愚昧的男人，顽固地表演着拙劣的体操。

多是乡下来的民工和退休的老翁。对于前者，我高唤一句：哦！请不要这样，树会死的！年轻人就恍然大悟的样子，狼狈退去了。但京城里久经风霜的老汉很难缠，对抗议置若罔闻，翻着染有白翳的眼珠蔑视地斜你，好像在说，怎么了？老爷子就是摇晃树了，你管得着吗?!

我充满三倍的恼怒。热爱生命固然不错，但不应仅仅局限自身，也需关爱万物。蠢笨的一跃，能否延长寿数尚在未知，却已着实妨害了别的生灵。风烛残年尚知珍惜，为何不肯体恤年轻的树?!

然而，无奈。先生劝，尽自己的力就是了。况且，纵是每晚守候，还有漫长的白天无法看顾。终不能二十四小时连续值班吧？

要想一个长治久安的办法。于是在家中把刀磨得寒光迸射。先生问，不会在策划一件谋杀案吧？

我答，你猜得不错。

先生惊，目标何在？

我说，长街畔那棵青杨。

先生正色道，砍树犯法。

我说，只是断掉那树的臂膀。丢卒保车，让企图翻杠的人无所依托，青杨才有一线生机。

先生建议，利斧比钢刀好。

我说，朗朗乾坤，拎一把阔斧街上行走，太招人耳目。还是袖里藏斧来得简便。

先生道，树杈高过头顶，你如何砍得到呢？

我运斧成风，比画着说，助跑几步，凌空一跃，大功便可告成。

先生边躲闪边冷笑，你是谁？烧火的杨排风或是侠女十三妹吗？留神自己先崴了脖子伤了脚。

我愤愤道，莫当观潮派，多提建设性意见。

先生谋算说，需带一张便携式折叠凳，择一个晦暗的子夜，若天降大雾就更理想了。你瞭望，我动手，包管手到擒来、神鬼不知。

于是夫妻磨刀霍霍，焦急地等待月黑风高的日子。每逢路过孱弱青杨的时候，都对它轻声说，再坚持几天啊，就要为你刮骨疗毒了。

谁知我突然病了，辗转医院。数月后复出，迫近青杨时，几乎不敢偏头。遗它在水深火热中煎熬，恐已近柴薪。

想不到，青杨依旧屹立长街畔，竟比以前挺拔简秀多了，沁出蓬勃生气。细细察看，那只肇祸的长臂，已被人用锯齐根断去，碴口森然，看得出是行家从容所为。青杨像“因公致残”的青年，早从伤痛中振作，尽管身影还有些仄斜，头颅已然高昂起来了。

我惊叹，谁干的呢？好手艺啊。

先生说，这世上，爱护这棵树的，绝不仅仅只有我们。

苦难不是牛痘疫苗

1997—1998年，几乎成了我的说话年。北大、清华、北京师范大学、北京外国语大学、中国协和医科大学、北京科技大学、首都师范大学、中医药大学……还有女子中学和北京八中的少年班，从北京到新疆，我都曾去和他们聊过天。

我之所以不喜欢把这种形式称作讲演，是因为自己心理的障碍。我害怕那个“演”字，觉得有几分虚拟与矫情。也许对在舞台上的演员，是正常事情，但对以笔为幕的我来说，更习惯在黎明或是夜半，独自枯索。

生平不会表演，也未曾当过教师。面对许多人说话，提前就会感到莫大压力。每逢答应了，要在某时某刻与众人会晤，前一天就惶惶不可终日。夜里也睡不好觉，仿佛面临一场莫测的考试。有时直到赶赴会场的路上，都不晓得自己将如何开头。

其实这种场合，拒绝是最简单的方法，过去多年，我恪守着说“不”。除非极熟识的朋友托到头上，百推无效，否则绝不答应出席。一天，女作家赵玫一句话改变了我的看法。她说，不要拒绝大学生，他们是希望。

这种集体聊天大致分为两部分。前三分之二时间，由我主说。题目通常是“文学与人生”这类大得吓人的题目。题目大了，其实有好处，就是无论你怎样说，都不会跑题。我私下里以为，同学们对从作家那里能听到些什么，期望值并不很高，一般来说比较宽容。我也乐得撒开来谈了。

后三分之一的时间，一般留作大家对话。纸条不断从会场的不同角落传上来，形态各异。有写满了字的整张作业纸，也有寥寥数语窄如柳眉的短笺。我满怀兴致地阅读它们，好像你对着大山呼唤了一声，片刻后收获连绵不绝的回音。每次讲演回来，都有成包的各色纸条回馈，纷纷扬扬，好似你从飘飘洒洒的冬夜，掬回一捧雪花。

我很喜欢这些字条，里面蕴涵着信息和挑战。时间久了，纸条聚得如山，偶有翻看，仍会感到灼热与激荡。那是一些年轻的心的切片，固定着那些难忘的夜晚。不论日子过去多久，依然显示着清晰的思想脉络和蓬勃的生命力。

我也常常反思，自己在当时的氛围和倚马可待的回答中，是否诚挚友善和机智？

现在，我把一些字条，直录在这里。然后是我的回答。基本上是当时的想法，也许经过时间的沉淀，更条理了一些。

问：您不愿当医生，可我最爱看您笔下的医生，这也曾让我一度非常想当医生。您笔下的医生医术都很高超，我觉得您当医生，也一定是个好医生。我总为您感到后悔。想问两个问题。（1）您后悔吗？（2）您认为作家是最适合您的职业吗？

此条来自清华大学。他们的纸条和别的大学的纸条有些微不同。基本上都用整张的纸，字也写得较大，感觉较为豪放。文科校所用的纸条多半细小精致，字也文秀些。

答：我当医生的时候，医术一般，但我是一个比较负责任的医生。医生是一个对责任感要求非常严格的职业，甚至可以说，责任感与医术，是一个好医生飞翔的双翼。我当医生时，有一个习惯，也许可以算作爱好吧——愿意和病人谈话，耐心地倾听他们对自己痛苦的倾诉。我不喜欢那种把诊断搞清后，就不屑于理睬病人，觉得病人只是一个悬挂疾病的衣架的医生。我愿意尽我的所能，和气地深入浅出地向病人解释他的病情，同情他的疾苦……这不是很难的事情，但有些医生忽略了。

不当医生，我不后悔。因为这是我在没有外力胁迫的情况下，自觉自愿做出的选择。人一生能够从事自己所热爱的事业，是一种奢华的好运气。

问：您为什么没有起一个笔名？您若起一个笔名，将是什么样的？

此条来自北京大学。我直觉感到这是一个有志从事文学创作的女孩子。她的提问很内行，富有技术性。

答：在我还没有做好小说能够发表的心理准备的时候，它就发表了，多少有些令我措手不及。当时杂志社并没有人问我要不要用一个笔名，我也就不便说请把原稿上我的本名涂掉，换一个笔名，私下觉得那太给人添麻烦了（其实不复杂，但我不好意思说）。于是我精心策划的笔名面世的机会，稍纵即逝。当然到了发表第二篇稿子的时候，已从容些，有机会缓缓思忖一个笔名。但一旦开始具体操作，深深的忧虑攫住我——换了一个崭新的笔名，我的父母在感情上是否会接受？承认那个铅字组成的陌生字眼，就是他们原装的女儿？我拿不定主意，也没有勇气问他们，事情一耽搁，机遇就又过去了。我从小是一个很乐意让父母高兴的孩子，为了这份不完全空穴来风的忧虑，我终于坚定地不用笔名了。

如果我要起笔名的话，我要用一种矿物质或是金属的名称做笔名。我喜欢那种在亿万斯年的大自然当中，凝结的精华与漠然的力度的感觉，而且我觉得金属有特殊的壮丽。

问：您经历了那么多的坎坷，可无论是您的文学和您的话语，所表达的都是对生活的乐观和轻松，您认为这是一种经历了太多苦难后的宽容和超越，还是您并不认为有必要感受沉重？

这个纸条，记得是来自一位医学生，好像还是博士班的。我当时有些踌躇，不知如何解答是好。因为他（或她）似乎比我考虑得更成熟。

答：我很坎坷吗？我不觉得啊。现在很多人讲到坎坷的时候，多用一种夸耀的口气或是潜藏着求人怜悯的企图，使我不爱说这个词，坎坷和顺利，似乎是反义词，其实都是生命的相对状态。至于顺利是否就是和快乐相连，坎坷是否就一定指向沉重？我以为并非必然。我们可以在顺利的时候愁容惨淡，也可以在苦难的时候欢颜一笑，关键在于我们把握命运的定力。

我不喜欢模拟苦难，无论是从理论还是从实践上。我对人为地自造苦难，以考验他人的做法，深恶痛绝。人生的苦难，不是像牛痘疫苗一样的病毒提取物，植入皮肤，就可以终身预防天花了。我所看到的更多的事实是，苦难磨秃了人对美好事物的细腻感受力，削尖了利己损他的恶性竞争意识，使人变得粗糙和狠毒。苦难浪费了时间，剥夺了原应更富创造力的年华，迟滞了我们的步伐。

如果苦难一定要扑面而来，那就得镇静迎战了。这另当别论。

我所遇到的最好玩的一些问题，比如未来和幻想，事无巨细的提问和随心所欲的对话，来自少年们，特别是北京八中。那是一些十六七岁的男孩女孩，智商很高，天性活泼生动。马上就要参加高考了，竟然还有兴致邀我对话，说读过我的作品，想交流一下感受。

我力拒，理由很简单。我想象不出这些非凡的孩子，会是怎样的精灵？不知和太聪明的孩子，该如何讲话？万一不妥，戕害了祖国花朵，还是一些很优良的大花骨朵。闹得不好，我前脚刚走，后脚人家就得消毒。

但校方力邀，那位音色有些苍凉的老师，一口一个“不是我请您，是我的孩子请您”。

做了母亲的人，听不得人家说——我的孩子想如何如何……我痛苦地答应了。

所幸那是一群非常机灵可爱的少年，知识面极广，天上地下金戈铁马。我们讨论了很多问题，留下深刻记忆的是这样一张字条。

问：我考上大学一点问题都没有，但我不喜欢这件事，今年7月，我不想考啦！背许多没用的东西，瞎耽误工夫。顺便问您一句，您第一次稿费，钱多吗？干什么用了？

答：人一生，要干许多自己不喜欢的事。这一规则，以我的岁数和经历来看，可以倚老卖老地向你们说——是一条铁律。世上有些事，不是因为我们喜欢才去做，而是从长远看，从责任看，从发展看，必须做。我同意你的观点，上大学没什么了不起。但它是一张门票，你想要领略更广阔的景色，得有入场券。不必将它看得过重，也不可掉以轻心。你既然一点问题都没有，不妨轻松过关，然后再按自己的意志，努力向前，走自己的路。

第一笔稿费钱不多，几万字的稿子，几百块钱，我把其中的一半寄给我父母，另一半买了书。妈妈说，汇款单到的那一天，她正在小路上散步，听人喊，你女儿把稿费寄来了，几乎流下眼泪。

我的五样

老师出了题目——写下“你生命中最宝贵的五样东西”，我拿着笔，面对一张白纸，周围一下静寂无声。万物好似缩微成超市货架上的物品，平铺直叙摆在那里，等待你亲手挑选。货筐是那样小而致密，世上的林林总总，只有五样可以塞入。

也许是当过医生的缘故，片刻的斟酌之后，我本能地挥笔写下：空气、水、太阳……

这当然是不错的。你不可能设想在一个没有空气和水的星球上，滋长出如此斑斓多彩的生命。但我很快发现自己陷入了困境——如果继续按照医学的逻辑推下去，马上就该写下心脏和气管，它们对于生命之泵也是绝不可缺的零件。结果呢，我的小筐子立马就装满了，五项指标额度用尽。想想那答案的雏形将是：我生命中最宝贵的东西——空气、水、阳光、气管、心脏……哈！充满了科普意味。

如此写下去，恐有弊病。测验的功能，是辅导我们分辨出什么是自我生命中最重要的因子，以致面临人生的重大选择和丧失时，会比较的镇定从容，妥帖地排出轻重缓急。而我的答案，抽象粗放大而化之，缺乏甄别和实用性。

改弦易辙。我决定在水、空气和阳光三要素之后，写下对我个人更为独特和生死攸关的因子。

于是，第四样——鲜花。

真有些不好意思啊。挂着露滴的鲜花，那样娇弱纤巧，似乎和庄严的题目开了一个玩笑。但我真是如此地挚爱它们，觉得它们美轮美奂，不可或缺。绚烂的有刺的鲜花，象征着生活的美好和无可回避的艰难，愿有一束火红的玫瑰，伴我到天涯。

写下鲜花之后，仅剩一样挑选的余地了。刹那间，无数声音充斥耳鼓，啰唣地申述着自己的不可替代性，想在最后一分钟，挤进我珍贵的小筐。

偷着觑了一眼同学们的答案，不禁有些惶然。

有人写下"父母"。我顿觉自己的不孝。是啊，对于我的生命来说，父母难道不是极为宝贵的因素吗？且不说没有他们哪来的我，单是一想到他们会先我而去，等待我的是生离死别，永无相见，心就极快地冰冷成坨。

有人写下"孩子"。我惴惴不安，甚至觉得自己负罪在身。那个幼小的生命，与我血脉相连。我怎能在关键的时刻，将他遗漏？

有人写下“爱人”。我便更惭愧了。说真的，在刚才的抉择过程中，几乎将他忘了。或许因为潜意识里，认为在未曾识得他之前，我的生命就已存许久。我们也曾有约，无论谁先走，剩下的那人都要一如既往地好好活着。既然当初不是同月同日生，将来也难得同月同日死，彼此已商定不是生命的必需，未进提名，也有几分理由吧？

正不知将手中的孤球，抛向何处，老师一句话救了我。她说，这生命中最宝贵的东西，不必从逻辑上思索推敲是否成立，只需是你情感上的真爱即可。

凝神再想。

略一顿挫之后，拟写“电脑”。因为基本上已不用笔写作，电脑便成了我密不可分的工作伴侣。落笔之际我凝思，电脑在此处，并不只是单纯的工具，当是一种象征，代表我挚爱的劳动和神圣的职责。很快又联想到电脑所受制约较多，比如停电或是病毒入侵，都会让我无所依傍。唯有朴素的笔，虽原始简陋，却可朝夕相伴风雨兼程。

于是洁白的纸上，记下了我生命中最宝贵的五样东西——水、阳光、空气、鲜花和笔（未按笔画为序，排名不分先后）。

同学们嘻嘻笑着，彼此交换答案。一看之后，却都不作声了。我吃惊地发现，每人的物件，万千气象，绝不雷同，有些简直让人瞠目结舌。比如某男士的“足球”，某女士的“巧克力”，在我就大不以为然。但老师再三提示，不要以自己的观点去衡量他人，于是不露声色。

接下来，老师说，好吧，每个人在你写下的五样当中，画去相对不那么重要的一样，只剩下四样。

权衡之后，我在五样中的“鲜花”一栏旁边，打了一个小小的“×”，表示在无奈的选择当中，将最先放弃清丽芬芳的它。

老师走过来看到了，说，不能只是在一旁做个小记号，放弃就意味着彻底地割舍。你必须用笔把它全部涂掉。

依法办了，将笔尖重重刺下。当鲜花被墨笔腰斩的那一刻，顿觉四周惨失颜色，犹如本世纪初叶的黑白默片。我拢拢头发咬咬牙，对自己说，与剩下的四样相比，带有奢侈和浪漫情调的鲜花，在重要性上毕竟逊了一筹，舍就舍了吧。虽然花香不再，所幸生命大致完整。

请将剩下的四类当中，再剔去一种，仅剩三样。老师的声音很平和，却带有一种不容商榷的断然压力。

我面对自己的纸，犯了难。阳光、水、空气和笔……删掉哪样是好？思忖片刻，提笔把“水”画去了。从医学知识上讲，没有了空气，人只能苟延残喘几分钟，没有了水，在若干小时内尚可坚持。两害相权取其轻吧。

也许女人真是水做的骨肉，“水”一被勾销，立觉喉咙苦涩，舌头肿痛，心也随之焦躁成灰，人好似成了金字塔里风干的长老。

我已经约略猜到了老师的程序，便有隐隐的痛楚弥漫开来。不断丧失的恐惧，化作乌云大兵压境。痛苦的抉择似一条苦难巷道，弯弯曲曲伸向远方。

果然，老师说，继续画去一样，只剩两样。

这时教室内变得很寂静，好似荒凉的墓冢。每个人都在冥思苦想举棋不定。我已顾不得探察他人的答案，面对着自己人生的白纸，愁肠百结。

笔、阳光、空气……何去何从？

闭起眼睛一跺脚，我把“空气”画去了。

刹那间好像有一双阴冷的鹰爪，丝丝入扣地扼住我，哽嗓咽喉。手指发麻眼冒金星，心擂如鼓气息屏窒……

我曾在海拔五千多米的冰山上攀缘绝壁，缺氧的滋味撕心裂肺。无论谁隔绝了空气，生命便飘然而逝，一切只能成为哲学意义上的讨论。

好了，现在再画去一样，只剩下最后一样。老师的音调很温和，但执着坚定充满决绝。对已是万般无奈之中的我们，此语一出，不啻惊雷。

教室内已经有轻轻的哭泣声。人啊，面临丧失，多么软弱苦楚。即使只是一种模拟，已使人肝肠寸断。

笔和阳光。它们在纸上势不两立地注视着我，陷我于深重的两难。

留下太阳吧——心灵深处在反复呼唤。妩媚温暖明亮洁净，天地一派光明。玫瑰花会重新开放，空气和水将濡养而出，百禽鸣唱，欢歌笑语。曾经失去的一切，都会在不知不觉当中悄然归来。纵使除了阳光什么也没有，也可以在沙滩上直直地卧晒太阳哇。

想到这里，心的每一个犄角，都金光灿灿起来。

只是，我在哪里？在干什么？

我看到自己孤独的身影，在海边寂寞的椰子树下拉长缩短，百无聊赖。孤独地看日出日落，听潮涨潮落。

那生命的存在，于我还有怎样的意义?!我执着地扬起头来问天。

天无语。

自问至此，水落石出。我慢而稳定地拿起笔，将纸上的“太阳”画掉了。

偌大一张纸，在反复勾勒的斑驳墨迹中，只残存下来一个固守的字——“笔”。

这种充满痛苦的抉择，像一个渐渐缩窄的闸孔，将激越的水流凝聚成最后的能量，冲刷着我们的纷繁的取向。当那通道变得一夫当关，万夫莫开之时，生命的重中之重，就简洁而挺拔地凸立了。

感谢这一过程，让我清晰地得知什么是我生命中的真爱——就是我手中的这支笔啊。它噗噗跳动着，击打着我的掌心，犹如我的另一颗心脏，推动我的一腔热血四肢百骸。

突然发现周围万籁无声。人们在清醒地选择之后，明白了自己意志的支点，便像婴儿一般，单纯而明朗地宁静了。

我细心地收起这张白纸，一如珍藏一张既定的船票。知道了航向和终点，剩下的就是帆起桨落战胜风暴的努力了。

图书在版编目（CIP）数据

爱的回音壁 / 毕淑敏著. -- 北京 : 北京十月文艺出版社，2021. 10
（毕淑敏散文集）
ISBN 978-7-5302-2135-8

Ⅰ. ①爱… Ⅱ. ①毕… Ⅲ. ①散文集—中国—当代
Ⅳ. ① I267

中国版本图书馆 CIP 数据核字（2021）第 045988 号

爱的回音壁
（毕淑敏散文集）
AI DE HUIYINBI
毕淑敏　著

出　　版　北京出版集团
　　　　　北京十月文艺出版社
地　　址　北京北三环中路 6 号
邮　　编　100120
网　　址　www.bph.com.cn
发　　行　新经典发行有限公司
　　　　　电话（010）68423599
经　　销　新华书店
印　　刷　北京盛通印刷股份有限公司
版　　次　2021 年 10 月第 1 版
　　　　　2021 年 10 月第 1 次印刷
开　　本　880 毫米 ×1230 毫米　1/32
印　　张　7.25
字　　数　142 千字
书　　号　ISBN 978-7-5302-2135-8
定　　价　39.80 元
质量监督电话　010-58572393
如有印装质量问题，由本社负责调换。